U0544369

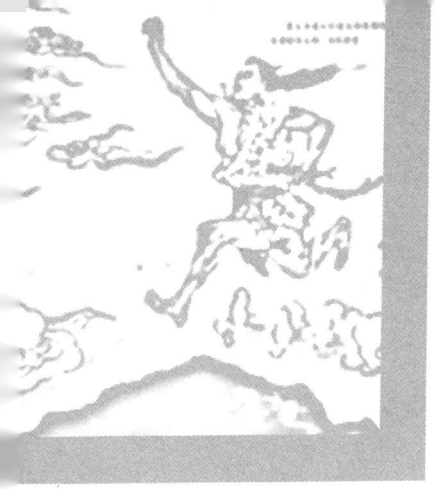

民国ABC丛书

神话学
ABC

谢六逸　著

知识产权出版社
全国百佳图书出版单位

图书在版编目（CIP）数据

神话学ABC/谢六逸著. — 北京：知识产权出版社，2017.1
（民国ABC丛书/徐蔚南等主编）
ISBN 978-7-5130-4583-4

Ⅰ.①神… Ⅱ.①谢… Ⅲ.①神话—研究 Ⅳ.①B932

中国版本图书馆CIP数据核字（2016）第276610号

责任编辑：徐 浩	责任校对：谷 洋
封面设计：SUN工作室	责任出版：刘译文

神话学ABC

谢六逸 著

出版发行：知识产权出版社有限责任公司	网 址：http://www.ipph.cn
社 址：北京市海淀区西外太平庄55号	邮 编：100081
责编电话：010-82000860 转 8343	责编邮箱：xuhao@cnipr.com
发行电话：010-82000860 转 8101/8102	发行传真：010-82000893/82005070
印 刷：北京科信印刷有限公司	经 销：各大网上书店、新华书店及相关专业书店
开 本：880mm×1230mm 1/32	印 张：4.75
版 次：2017年1月第1版	印 次：2017年1月第1次印刷
字 数：74千字	定 价：20.00元
ISBN 978-7-5130-4583-4	

出版权专有　侵权必究
如有印装质量问题，本社负责调换。

再版前言

民国时期是我国近现代史上非常独特的一个历史阶段，这段时期的一个重要特点是：一方面，旧的各种事物在逐渐崩塌，而新的各种事物正在悄然生长；另一方面，旧的各种事物还有其顽固的生命力，而新的各种事物在不断适应中国的土壤中艰难生长。简单地说，新旧杂陈，中西冲撞，名家云集，新秀辈出，这是当时的中国社会在思想、文化和学术等各方面的一个最为显著的特点。为了向今天的人们展示一个更为真实的民国，为了将民国文化的精髓更全面地保存下来，本社此次选择了世界书局于1928~1933年间出版发行的ABC丛书进行整理再版，以飨读者。

民国ABC丛书 ‖ 神话学 ABC

世界书局的这套ABC丛书由徐蔚南主编，当时所宣扬的丛书宗旨主要是两个方面：第一，"要把各种学术通俗起来，普遍起来，使人人都有获得各种学术的机会，使人人都能找到各种学术的门径"；第二，"要使中学生、大学生得到一部有系统的优良的教科书或参考书"。因此，ABC丛书在当时选择了文学、中国文学、西洋文学、童话神话、艺术、哲学、心理学、政治学、法律学、社会学、经济学、工商、教育、历史、地理、数学、科学、工程、路政、市政、演说、卫生、体育、军事等24个门类的基础入门书籍，每个作者都是当时各个领域的知名学者，如茅盾、丰子恺、吴静山、谢六逸、张若谷等，每种图书均用短小精悍的篇幅，以深入浅出的语言，向当时中国的普通民众介绍和宣传各个学科的知识要义。这套丛书不仅对当时的普通读者具有积极的启蒙意义，其中的许多知识性内容

再版前言

和基本观点,即使现在也没有过时,仍具有重要的参考价值,因此也非常适合今天的大众读者阅读和参考。

本社此次对这套丛书的整理再版,将原来繁体竖排转化为简体横排形式,基本保持了原书语言文字的民国风貌,仅对部分标点、格式进行规范和调整,对原书存在的语言文字或知识性错误,以及一些观点变化等,以"编者注"的形式加以标注,以便于今天的读者阅读。希望各位读者在阅读本丛书之后,一方面能够对民国时期的思想文化有一个更加系统、深刻的了解,另一方面也能够为自己的书橱增添一份用于了解各个学科知识要义的不可或缺的日常读物。

知识产权出版社

2016 年 11 月

ABC丛书发刊旨趣

徐蔚南

西文ABC一语的解释，就是各种学术的阶梯和纲领。西洋一种学术都有一种ABC，例如相对论便有英国当代大哲学家罗素出来编辑一本《相对论ABC》，进化论便有《进化论ABC》，心理学便有《心理学ABC》。我们现在发刊这部ABC丛书有两种目的：

第一，正如西洋ABC书籍一样，就是我们要把各种学术通俗起来，普遍起来，使人人都有获得各种学术的机会，使人人都能找到各种学术的门径。我们要把各种学术从智识阶级的掌握中解放出来，散遍给全体民众。

民国ABC丛书 ‖ 神话学 ABC

ABC丛书是通俗的大学教育,是新智识的泉源。

第二,我们要使中学生、大学生得到一部有系统的优良的教科书或参考书。我们知道近年来青年们对于一切学术都想去下一番工夫,可是没有适宜的书籍来启发他们的兴趣,以致他们求智的勇气都消失了。这部ABC丛书,每册都写得非常浅显而且有味,青年们看时,绝不会感到一点疲倦,所以不特可以启发他们的智识欲,并且可以使他们于极经济的时间内收到很大的效果。ABC丛书是讲堂里实用的教本,是学生必办的参考书。

我们为要达到上述的两重目的,特约海内当代闻名的科学家、文学家、艺术家以及力学的专门研究者来编这部丛书。

现在这部ABC丛书一本一本的出版了,我们就把发刊这部丛书的旨趣写出来,海内明达之士幸进而教之!

一九二八,六,二九

序

对于原始民族的神话、传说与习俗的了解，是后代人的一种义务。现代有许多哲学家与科学家，他们不断的发现宇宙的秘密，获了很大的成功，是不必说的；可是能有今日的成功，实间接的有赖于先民对于自然现象与人间生活的惊异与怀疑。那些说明自然现象与社会现象的先民的传说或神话，是宇宙之谜的一管钥匙，也是各种智识的泉源。在这种意义上，我们应该负担研究各民族的神话或传说之义务。

我国的神话本来是片断的，很少有人去研究，所以没有"神话学"（Mythology）的这种人文科学出现。在近代欧洲，神话学者与民俗学者辈出，从文化人类学、从言语学或从社会学去探讨先民的遗物，在学术界上有了莫大的贡献；东方的日本也有一般学者注意这一类的研究，颇有成绩。我国则一切均在草创，关于神话学的著作尚不多见。本书之作成，在应入手研究神话的人的需要，将神话一般的智识、近代神话学说的大略，以及研究神话的方法，简明的叙述在这一册里。

本书共分四部分，别为四章。第一章说明神话学的一般的概念；第二章说明神话的起原及特质；第三章说明神话研究的方法；第四章则就原始神话内，列举四种，以作比较的研究。

编者对于神话学的研究，愧无什么创见。本书的材料，前半根据日本早稻田大学教授西村真次氏的《神话学概论》；后半根据已

序

故高木敏雄氏的《比较神话学》，此外更以克赖格氏的《神话学入门》（Clarke：*A B C Guide to Mythology*）为参证。西村氏一书为最近出版者，条理极明晰，所收材料也颇丰富，较之欧美各家所著的书，只各主一说者，对于初学更为有用，故本书的编成，大半的动因，还是在介绍西村氏的大著。

1928 年 7 月 18 日

编者志

目　录

第一章　绪　论　1

第一节　神话学的意义　3

第二节　神话学的进步　6

第三节　最近的神话学说　18

第四节　神话学与民俗学、土俗学之关系　29

第二章　本　论　35

第一节　神话的起原　37

第二节　神话的成长　50

第三节　神话的特质　59

第三章　方法论　65

第一节　序　说　67

第二节　材料搜集法　68

第三节　神话分类法　74

第四节　比较研究法　85

第四章　神话之研究的比较　91

第一节　自然神话　93

第二节　人文神话　102

第三节　洪水神话　113

第四节　英雄神话　119

参考书目　131

编后记　134

第一章 绪 论

第一章 绪 论

第一节 神话学的意义

"神话学"这个名词,译自英语的"Mythology"。此字为希腊语"Mythos"与"Logug"的复合。"Mythos"的意义,包含下列几种:(1)一个想象的故事;(2)极古时代的故事或神与英雄的故事;(3)如实际的历史似的传说着的通常故事。"Logus"则为记述的意思。由此二语复合而成的"Mythology",可以解释为:(1)神话及故事的学问或知识;(2)神话的搜集或整理;(3)传说的书物等。

神话学家对于神话曾有各种的定义,施

彭斯（Lewis Spence）著《神话学绪论》（An Introduction to Mythology）一书，最能简易的说明神话学的性质。关于神话学的职分，他曾经说："神话学以研究及说明人类古代的宗教的经验；科学的经验之神话与传说为他的职分。神话学将光明投射在原始宗教与原始科学的材料、方法及发达上面，其故在多数的神话，都是企图说明物理现象（Physical Phenomena）及宗教现象（Religious Phenomena）。"

他又进一步说到神话与民间故事、传说的关系。他说传说学的主要的研究对象就是神话，此外虽也涉及民间故事与古谈，然这些往往与神话混乱在一起，为初学者计，把他们一一加以说明，并不是没有意义的，因说明如次。

（1）传说（Tradition），是故事的传承形式（Traditional Form of Narration），神

第一章 绪 论

话、民谭与古谈都包含在内。

（2）神话（Myth），是神或"超自然的存在"的行为之说明，常在原始思想的界限里表现；神话企图说明人类与宇宙的关系。在述说神话的人们，有重大的宗教的价值。神话又是因为说明社会组织、习惯、环境等的特性而出现的。

（3）神话学（Mythology），是包含各人种的神话组织（Mythic System）与神话的研究的科语。

（4）民俗学（Folk-lore），是研究原始时代的习惯、信仰、技术的残余物（Survivals）的学问。

（5）民间故事（Folk-tale）或民谭，是有神话的起原❶的原始故事，或者纯粹的故事，

---
❶ "起原"，今为"起源"。——编者注

及富于美的价值的原始故事。

（6）古谈（Legend），是关于实在的场所、实在的人物之传述着的故事。

通观以上所论，可知施彭斯氏是从广义方面解释神话学，下了"传说的科学"（Science of Tradition）般的定义。若就狭义说，则神话学是包含神话组织、神话研究的学问。他的近代的意义甚广，可以将他视为研究那包含在"传说"这一个科语里面的学问（传说包括神话、民俗、民间故事、古谈等）。

第二节　神话学的进步

神话学发达到今日的状态，费了二十几世纪的长时期，在一切文化科学之中，是具有最古历史的一种。他的发生与成长的过

第一章 绪 论

程，与人类的心的发展的过程成正比例，给予后世的人以极深的兴味与暗示。现以施彭斯（Spence）、克赖克（H.A.Clarke）、兰（A.Lang）、泰娄（E.B.Tylor）诸氏之说为主，略说神话学进步的历史。

（一）古代神话学

对于神话加以最早的批判的，是希腊的舌洛法（Xenophanes），他是纪元540~500年时（？）的人，生于依俄尼亚（Ionia），曾流转至西西里，后住于南意大利的耶勒亚（Elea）。他对于当时流行的关于诸神的神话的观念，加以否定。他说："神仅有一个，此神是诸神与人类间之最伟大者，他的身与心都是不朽的；对于一切，他无所不通，无所不思，无所不闻。"又论断说："人把这样的神想象和自己一样，生而有声音体貌，例如叫虹做依尼斯（Iris），然此不过是一片云罢了。"他又说，将神形视为人的人态神话（Anthropomorphic Myths），是古人的寓言。因此之故，可以视舌洛法为寓意说（Allegorical Theory）的开山祖。

纪元前600年时的德阿格（Theagenes），他也将一切的神话视为寓言。他说希腊神话里的阿波洛（Apollo）、赫尼俄斯（Helios）、赫费斯达（Hephaestus）诸神，是各种形态的火，希拉（Hera）是气，波色登（Poseidon）是水，阿尔德米司（Artemis）是月；其他诸神，是道德或智能的拟人化。因此，他的神话说在别一方面，可以称之为拟人说（Personification）。

此外，如亚里士多德（Aristotles）以神话为古人的哲学的思索之表现，普鲁打哥（Plutarchos）则以神话为由假托的形而上的叙述，二者可以称为哲学说（Philosophical

第一章　绪　论

Theory）。

纪元前400年时，有友赫麦洛（Euhemerus）倡导一种历史说（Historical Theory）。他视神话为假托的历史，神虽是人，因为时间的经过与后世的空想，将他的姿态庄严化，遂变成神了。简言之，诸神就是由后人将他们神格化了的伟人。这种学说，经友纽斯（Eunius）的倡导，在古代罗马更成为通俗化。如友赫麦洛晚年的弟子勒克娄（Le Clerc），则唱神话史实说，他说希腊神话是由古代的商人与航海者的日记编纂而成的。

到了基督教兴起以后，世人嫌怨希腊神话的不合理、非道德的，便施以寓意式的注释，起了使希腊神话正义化的运动。试举一例，如初期基督教的教父圣奥古斯丁（Saint Augustinus，354~400），他曾经从友赫麦洛的方法，修饰了希腊神话。

（二）中世的神话学

在中世纪，没有产生值得注意的神话批评。那时的通俗的信仰，大家以为古代的诸神与女神都是恶魔生的；至少是因为基督教的出现，才叫他们赶退到地狱里去，他们是一种异教的偶像。这种考察，由一般的僧侣支持着，试看中世的《唐禾色》(Tannhauser)的传说，便可知道。

在文艺复兴期以前，古典的研究已有，其时希腊、罗马诸神，常与异教国的诸神混乱在一起，甚至于视他们与谟罕默德那样的宗教家同样。

（三）18 世纪的神话学

到了 18 世纪末，从科学方面作神话研究的倾向还没有发生；虽然在 17 世纪到 18 世纪初叶时，写希腊、罗马神话的轮廓的书

第一章 绪 论

已渐次出版,但批评的精神完全缺乏。到了后来,批评的精神,渐次兴起。有普洛斯(De Brosses,1709~1777)在1760年出版了关于埃及宗教的一种论文,述古代埃及宗教里的显著的动物崇拜,尚残留在近代黑种人间所有的宗教的行事里。1742年,有拉弗妥氏(Lafitau),主张残留于希腊神话里的野蛮要素,曾发现于北非洲的印度族里。他们虽把近世的科学方法应用于神话的研究,但是其余的人依然用旧来的方法。如班尼尔(Abbe Banier)者,将一切神话的研究,放在一个历史的基础上。布莱扬(Bryant)在1774年公表《古代神话的解剖》(*A New System on an Analysis of Ancient Mythology*),在圣书之中,寻出神话的资源。可以注目的是谢林氏(F.Schelling),他首先说明国家的发达与神话的构成之间,是有关系的。克洛色氏(Creuzer)在《象征与神话学》(*Symbolik und Mythologie*）里说明神话是僧侣的学校，在象征的形式里，传承而来的；此种秘密的智慧，从东洋来到希腊，变成了神话，所以在神话之中，古代的智识，变作寓意的形式而包含在里面。此外，较此二氏更可注目的，是缪勒氏（K.O.Muller）的《神话学序论》（*Prolegomena zu einer wissensch-aftlicher Mythologie*）。他主张，说明神话，非说明其起源不可；主张实际的原始的神话与诗人、哲学家所牵强附会的神话是有差异的；将神话的材料返于原来的要素，非依从一种方则去研究不可。这种主张，恐怕要推为真实地将神话作科学的研究的最早的了。这种最初的尝试，的确是值得赞赏的。

（四）言语学派（Philological School）

从 19 世纪到 20 世纪，神话学有了长足的进步，出现于其间的许多学者，互相论难

第一章 绪 论

攻击，一时呈现出盛茂的形状。现在简单叙述各派的主张与特征。

第一，可以注目的是言语学派。这派最初是试作言语的比较研究而成功了的，结果对于神话的研究起了兴味，遂至以言语学的方法去说明神话的现象。马克斯·缪勒教授（Marx Muller，1823~1900）就是他们的指导者。他在二十三岁时从德国到牛津，从事翻译印度古代的宗教书籍。因为他的学力、精力与修养的广泛，在英国学术界，占了优越的地位。他的深邃的言语学的比较研究，渐次引导他到神话的世界。言语本为思想的钥，而神话组织本为思想的一形式，当然非由言语去规定不可。他主张神话是"语言的疾病"（a disease of language）。关于他的神话学说，可看他的大著：《对于神话学的贡献》（*Contribution to the Science of*

Mythology，1897年版）、《马克斯·缪勒论文集》（*Collected Works of F.Marx Muller*，1899年版）及《自然宗教》（*Natural Religion*）第一卷。

据缪勒氏之说，神话的起源，应该是人类的直觉或本能占了势力，而抽象的思想还未可知的一种阶段，所以神话的用语常先于神话的思想。神话构成里的言语的特性，就是语汇的性（Gender），一语多义（Polynymy）、多语一义（Synonymy）、诗的隐喻（Metaphor）等。神话须由言语始可了解，可是仅由言语，没有可以了解的理由。总括缪勒学派对于神话学的意见来看，神话是语言的疾病。

缪勒并非应用比较言语学于神话研究的第一人，在他以前还有赫尔曼（G. Herman）及其他学者。他们想由语原去说明神话，可

第一章 绪 论

是只集中精力于希腊语,没有得到所预期的结果。在比较言语学上置了基础,开用语言研究神话之道的,乃是弗郎士·波伯(Franz Bopp,1791~1867)。他同他的亲近的人,假定印度日耳曼语的语族,利用他来解释缪勒氏的神话现象。试举一例,他比较宙斯(Zeus)即周比特(Jupiter)之名,作成下列的公式:

Diaush Pitar=Zeus Pater=Jupiter=Tyr.

据他之说,梵语的"Diaush Pitear"与希腊语的"Zeus Pater"、与拉丁语的"Jupiter"。及古代条德尼语的"Tyr"是同一的。他这样的把语原研究应用于神话学,他受当时学者的激烈的酷评,经了多次的辩论与答辩。

即在言语学派之间,关于神话与神话上

的人物，也显出了不同的意见，于是就生出了三派意见。一是太阳神派（Solar School）。此派的支配者为缪勒，他以为，神话、民谭、故事无论那一种，都是太阳神的表现，以神话为太阳中心。熟心祖述这派学说的，有柯克斯（Sir George Wcox，1827~1903）。在他所著的《神话学及民俗学绪论》里，他力说太阳神话的普遍，他集成世界的神话及故事。在他们尝试科学的研究这一点上，对于神话学带来了多大的贡献。二是气象学派（Meteorological School）。此派主张一切神话里，雷电的现象很多。例如，龙神与其他魔神将善神与公主幽闭在天岩户里，此时有一英雄之神出现，斩杀他们，救出公主。这一段故事，就是说黑暗恐怖的雷云拥蔽了日光，遂有神出现，拂扫云雾。这气象学派的首领就是肯氏（Kuhn，1812~1881）与达麦司德氏（Darmesteter，1849~1894）。

第一章　绪　论

（五）人类学派（Anthropological School）

与言语学派对立的，是人类学派。这一派颇有占优胜之势。人类学派的神话学者在神话之中，寻见了粗野无感觉的要素；这要素，乃是野蛮的原始的社会里遇见的。如果在有教养的文明民众里寻见了这种要素，那么必定是从野蛮时代所受的遗产，即是，可以看做原始信仰的残存。这是他们的主张。他们主张的纲领可以简述如次。

（1）存于文明神话与野蛮神话里的野蛮要素与不合理的要素，乃是前进的文明时代里的原始的残余物。

（2）文明神话与野蛮神话的比较，即后代与古代神话的比较，往往使后者的性质明了。

（3）如比较广布着的各民族间的类似神话，则原始的性质及意义自然了解。

第三节　最近的神话学说

19世纪后半期到20世纪的今日,神话学的研究者正是踊跃的时候,各种学说接踵出现。其大体的倾向,可以说是人类学的。到了最近,将神话视为"历史的事实之原始的表现"(Primitive Expression)或"反映"(Reflection)的倾向渐著。现依次说明各家的神话学说。

(一)泰娄(E B.Tylor)

把科学的新原理应用于神话学说,安置"人类学派"的基础的人,就是泰娄。他逐次刊行的《人类古代史研究》(Researches into the Early History of Mankind,1865年)、《原始文化》(Primitive Cuture,1871年)及《人类学》(Anthropology,1881年)诸

第一章 绪 论

作,内容极明了正确,都是在人类学里划一新时期的杰作。他在《原始文化》里曾说:"那里有许多神话的群,搜集拢来的神话的数越多,则构成真正神话学的证据越多。横陈在坚固的解释的组织下的原理,是简单的。整理从各地搜集来的类似的神话,作成一大比较群,于是随心的方则以进退的想象过程之运转,由神话组织而明显。"泰娄的意思是说,须集许多神话,就其类似的集为群,否则不能有何等发现,不过仅刺戟一个孤立的好奇心而已。他主张神话的科学的解释,应用实例的比较。

(二)斯宾塞(Herbert Spencer)

斯宾塞氏(1820~1903)在他的名著《社会学原理》(*Principles of Sociology*)里发表了关于神话的意见。对于神话的起源,他提出了误认说(Misconception Theory)。他说人类的心的状态使一切现象生活而且拟人化时，则堕落而陷于误认（Misconception），误认的唯一的原因就是语言。本来具有不同意义的述说，如人物的名字一样，被人误解，因此原始人种渐渐相信人格化了的现象。此人格化的原因之一，就是因古代言语里面，有了自由的含着生命的缺陷。原始社会的人名，是由瞬间的偶然事件而来的，比如一日中的时刻、天气的状态等等。现在某种部族，还有以曙光、黑云、太阳等做名字的人。如果有关于这些人的故事，经过时间的变异，名字便移转到物或事上，于是物与事就人格化了。这就是施彭斯氏的神话起源说。

（三）斯密司（W. Robertson Smith）

斯密司氏（1846~1894）亦为人类学派之一人，在他的名著《塞米人的宗教》（*Religion of Semites*）里，他发表了关于

第一章　绪　论

神话的意见。他说："在所有的古代宗教组织里，神话是从教义起的。有某人种的神圣故事，是取关于诸神的故事的形式，这些故事，单只是宗教的训言与祭仪的行动之说明。神话对于礼拜者不加什么制裁，也不施以什么强力，所以不能视神话为宗教的主要部分。"他的主张是，即使相信神话，决没有负真正宗教里的义务之理，也不会起受神的恩宠的思念。因为神话是从祭仪而起的，祭仪不是起自神话；神话的信仰，虽随礼拜者之意，然祭仪则是不可免的义务。但是在神话里面说及诸神的行动的故事，可以把他看为宗教的重要部分。如果没有预言的故事，回教是不成立的；没有瞿昙的故事，佛教是不成立的；如果没有基督的故事，基督教是不会成立的吧。他又说："古代宗教的研究，可自祭仪与传统的习惯为始，非以神话为始。"司密斯氏学说的缺陷，便也在于此，因为神话说明传统的习惯，同时也显示宗教的思索的原始。

（四）安特留·兰（Andrew Lang）

使人类学派有力，普及此种学说，具有功劳的人，就是安特留·兰氏（1844~1913）。他的神话学的著述最初有《习惯与神话》（*Custom and Myth*，1884），其后渐次出版《神话祭仪及宗教》（*Myth, Ritual and Religion*，1887）、《近世神话学》（*Modern Mythology*，1897）、《宗教的创成》（*The Making of Religion*，1898）诸作，打破言语学派重镇马克斯·缪勒的学说。在《习惯与神话》里，他说明民俗学的本质，将民俗学与考古学同时研究。在《神话祭仪与宗教》里，论神话与宗教间的差异。《近世神话学》则为攻击言语学派、为人类学派辩护的著作。在《宗教的创成》里，发表他的反泛灵论。

第一章 绪 论

这四种著作在神话学界里占了重要的位置。

（五）弗莱柴（Sir James George Frazer）

对于原始宗教学与神话学有最大贡献的，要算是弗莱柴的大著《金枝》（*Golden Bough*）。《金枝》是"Magic"与宗教之世界的比较研究，共七部十二卷。第一部讲咒术与王的进化（*The Magic Art and the Evolution of Kings*），此部由两卷而成。第二部只有一卷，题为《禁忌与灵魂的危难》（*Taboo and the Perils of the Soul*）。第三部一卷，题为《消灭着的神》（*The Dying God*）。第四部二卷，为阿妥尼斯（Adonis）、阿梯斯（Attis）、俄西尼斯（Osiris）。第五部二卷，论谷物及野生植物的精灵（Spirit of the Corn and of the Wild）。第六部一卷，论《替罪羊》（*The Sca-pegoat*）。第七部两卷，题为《美神巴尔德：欧罗巴的火祭与外魂之原理》（*Balder the*

Beautiful: The Fire-Festivals of Europe and the Doctrineof the External Soul)。第十二卷为篇外，即《参考书目与索引》（Bibliography and General Index)。除《金枝》外，弗氏尚有《不死的信仰与死者的崇拜》二卷（The Belief in Immortality and the Worship of the Dead)、《旧约圣书中的民俗》（Folk-lore in the Old Testament）三卷、《图腾制与族外婚》（Totemism and Exogamy）四卷及《赛克的工作》（Psyche's Task）一卷、《自然崇拜》（The Worship of Nature)，皆为现代学术界所重视。诸作中最有力者仍推《金枝》。他的夫人白合（Lilly Frazer）曾将《金枝》通俗化，作成《金枝之叶》（Leave from the Golden Bough）一卷。

（六）吉芳斯（F. B. Jevous）

吉芳斯的神话学说，可视为兰氏学说的

第一章 绪 论

祖述。他的神话学的著述有《宗教史绪论》（*An Intro-ducion to the History of Religion*, 1896）、《古代宗教里的神的观念》（*The Idea of God in Early Religion*, 1910）、《比较宗教学》（*Comparative Reilgion*, 1913）等。诸作中最可注目的是《宗教史绪论》，立论的明确与态度的严肃为一部份学者所宗仰。《宗教史绪论》里有《神话组织》一章论及神话，说明神话的意义。他说："神话不是如赞歌、颂诗那种的宗教的情绪之抒情诗的表现，神话不是如信仰教条与教理一样是非信不可的事项的叙述。神话是故事，他不是历史，是关于神或英雄的语谈。他有两个性格，即是一方面是虚伪的，且又常是不合理的；在别一方面，神话对于最初的听众，视为无须证明的真实，如这样，又是合理的。……"他力唱神话非宗教说，他道："神话组织是原始科学、原始哲学，是原始历史的重要的要素，是原始诗歌的资源，可是断乎不是原始宗教。"

（七）玛勒特（R. R. Marett）

玛勒特以《宗教入门》(*The Threshold of Religion*)一书著名，他唱泛精神论（Animatism），在神话学界开拓一新天地。

（八）戈姆（Sir G. L. Gomme）

他是历史学派的重镇，著有《历史学的民俗学》(*Folk-lore as an Historical Science*)，于1908年出版，论历史、民谭与习俗的交涉。

（九）哈特兰（Sidney Hartland）

哈氏著有《童话学》(*Science of Fairy Tales*)，为现代科学丛书之一，于1891年出版。他检讨世界的传说，寻出他们的一

第一章 绪 论

致,再研究他的起源与分歧。他搜集了世界上的许多传说,分为若干类,如《仙乡淹留传说》(*The Supernatural Lapse of Time in Fairland*)、《天鹅处女传说》(*Swan-Maiden*)等,是其中的主要的部分。

(十)哈里丝(Rendel Harris)

他著《俄林普斯的溯源》一书,研究希腊神话,为神话研究的实演的模范。他的研究法是经过祭仪以观察神的性质,由此以推神的观念之进化。

(十一)爱略特·斯密司(G. Elliot Smith)

他著有《古代埃及人与文明之起源》(*The Ancient Egyptians and the Origion of Givilization*),说明他的埃及人种观。《古代文化之移动》(*The Migration of Early Culture*)

一书，则记叙他的文化传播说。《龙神的进化》(*The Evolution of the Dragon*, 1919)、《象神与土俗》(*Elephants and Ethnologists*, 1924) 二作，对于研究神话与民俗的贡献甚大。

（十二）贝利（W. J. Perry）

他的神话学说，见于所著《印度勒西亚的巨石文化》(*The Megalithic Culture of Indonesia*, 1918)、《太阳之子》(*The Children of the Sun*, 1923)、《咒术与宗教之起源》(*The Origion of Magic and Religion*, 1923)、《文化之成长》(*The Growth of Civilization*, 1924) 诸作。

（十三）阿尔伯特·丘吉华（Albert Churchward）

他祖述 Creuzer 氏的学说，在神话学界

第一章 绪 论

中，开拓了象征一派（Symbolism）。他的著作有《共济组合之起原与发达及人类之起原与发达的关系》（1920年）、《人类的起原及发达》（1921年）、《宗教的起源及进化》（1924年）、《原人的记号及象征》（1910年）等作。

以上已略述近代的神话学家，此外尚有梯耳（C. P. Tiele, 1830~1902）、培因（E. J. Payne）、李纳克（S. Reinach）诸人，对于神话学界都有相当的贡献。

第四节 神话学与民俗学、土俗学之关系

关于神话学与民俗学、土俗学（Ethnography）的关系，在人类学者之间，有种种的议论，兹择其重要者分述于下。

据施彭斯氏对于神话学的解释，有狭广两义。以神话学为讨究神话、民谭、古谈的

学问，是狭义的解释；此外，以神话学为讨究习俗、信仰、技术的遗形的，是广义的解释。就广义的解释说，神话学与民俗学的领域殆难分别。本来神话学是说话的学问，而民俗学则为行为的学问，二者本为同元，可以由两方面下观察。将神话学与民俗学合并，称之为神话学，或称之为民俗学。就名称说，无论用那一种都可以的，都可以看为研究原始人的思想及行为的科学。关于此二者的关系，神话学家戈姆（G. L. Gomme）曾说："第一的必要是定义，在传说里，含有三个分科，如利用既成语去探讨这些分科的真义，则可以知道，神话（Myth）是说明属于人类思想的最原始的阶段或自然现象，或人间行为的。民谭（Folk-tale）较前者更进一步，他是保存于阶段的文化环境中的遗形，是取材于无名人物的生涯的经验，及表现于插话里的原始时代的事故与观念的。古谈（Legend）是

第一章 绪 论

关于历史的人物、土地、事件的故事。"戈姆氏此说，他以为此三分科是属于文化的三阶段，神话是遗物，民谈是残形，古谈是历史。此三分科不拘任何阶段，都属于民俗学的范围以内，但可以补助的用神话学来处理他们。如果民俗学把说话（神话、民谈、古谈等）除掉，只取原始的习俗、信仰与技术的遗形，则民俗学与神话学的界限很是明了。施彭斯氏之说，较之戈姆的更容易了解。他说："神话学是研究曾经活着的信仰的当时的宗教即原始形或古代形的宗教。民俗学则是研究现今所行的原始宗教或习俗。据学者们的意见，神话学与民俗学殆视为同样。"他更说明二者的研究对象如次：

古代人的原始信仰 = 神话学的对象

近代人的原始信仰 = 民俗学的对象

原始人的原始信仰 = 神话学的对象

由此看来，则神话学与民俗学的差异便可明了了，即是说神话不是近世的宗教科学，是神话的科学，以原始人、古代、野蛮人对于事物本质，想象或思索的结果表现出来的宗教信仰，为他的研究的对象。神话学不是近世的宗教学，不是哲学，也不是神学。施彭斯氏视神话为化石（Fossil），以民俗为遗形（Survival）。由此看来，二者的区别是明显的；不过，二者都是以原始信仰为研究的对象，以二者合而为一也无有不可。

其次的问题，就是神话学与土俗学的关系。有人说民俗学与土俗学是一种东西，一般称为土俗学的，即是地理的与记述的人类学之别名，以前常以"Ethnography"一字译为人种志。肯氏（A. H. Keane）论土俗学道："土俗学在严格的意义上，与其说是科学，不如说是文学，是纯粹的叙述的东西。他所

第一章　绪　论

研究的是民众的特性、习俗、社会状态及政治状态等，体质的问题与血统不与焉。"据肯氏之说，则土俗学所研究的范围，有民众习俗的一项，且含有社会状态的一项。其所系甚广，以衣服、食物、住居、各种工艺、技术等为始，连宗教的习俗、传统的故事等包含于其中的也多。在一方面，神话学自然同民俗学生了密接的关系；他方面，也和社会学、工艺学有交涉。土俗学既研究宗教与神话，所以神话学当然是土俗学的一分枝，与宗教学、民俗学成立姊妹关系。他们都是"人类学科学"（Anthropologic Science）中的一分科，试将他们的关系列表如下。

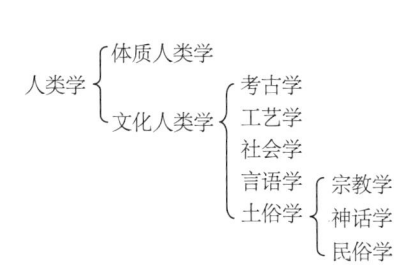

```
          ┌ 体质人类学
人类学 ┤
          │                  ┌ 考古学
          └ 文化人类学 ┤ 工艺学
                             │ 社会学
                             │ 言语学    ┌ 宗教学
                             └ 土俗学 ┤ 神话学
                                        └ 民俗学
```

上表中的神话学与民俗学合并,可以成为一个传说学（Science of Tradition）。由此表看来,神话学与民俗学成为姊妹关系,二者又与土俗学有分合的关系,且又皆为人类学中的一分科。

此外,神话学又与宗教学、史学有关系,兹从略。

Chapter 02
第二章

本 论

第二章 本　论

第一节　神话的起原

亨利·伯特氏（Henry Bett）曾在原始人对于自然现象的解释里，研究自然神话的起原。为要证明这一点，他记出客夫族（Kafir）的一个智者与非洲旅行家阿卜洛塞（Arbrousset）的谈话："客夫族的一智者色克莎，对非洲旅行家阿卜洛塞说：'我饲养家畜十二年，每当黄昏，便坐在石岩上思想。起身后想解答各种疑问，然而不能回答。我的疑问是：谁人造星？什么东西支持着星？水从朝至晚，从晚至朝，不断的流来流去而不疲劳，他们在何处休息？云自何处来，何处去？为什么降雨？谁送来了云？我们的神不送雨是确实的。为什么神制造那些东西没有什么计划，我们要上天去试探，因为用眼不能够看得明白。我不能够看见风，他是什么也不知道。谁叫风吹，叫风狂暴，来窘害我们呢？我又不知道树的果实怎样来的。昨天野外没有草，今天已经青绿绿的了。是谁把产物的智慧与力给土地呢？'"自然，这一段话是代表野蛮人的程度高的一方面的思想的，是在未开化人中所不得见的思索的怀疑的态度。可是在发达的初期的阶段，那样的探究心，是因为要了解一切的谜而产生的怪幻的说明，这是明显的。伯特氏以为使神话发生的动因，乃是人间的探究心，这是神话起原观之一。以下再分述神话发生的因缘、构成等。

（一）神话的胚子

关于神话发生的动因，学者有各种的

第二章 本 论

说法，或说是空想（Fancy），或说是思索（Speculation），或说是经验（Experience），然而在人类的意识作用里，这些都是并行而在一起活动的，所以要在他们之间分出明显的界限是不容易的。

（1）经验动力说（Theory of Experimential Factor of Myth）。此说为贝利博士所倡，他说，从旧石器时代的古时起，人类所有的观念，悉由经验而来，非由思索而来。人们对于自己直接有关系的题目，常加以探究。好奇心并不成为使人们无差别的对外界穿凿的原动力。其指导动力，乃是由于个人及社会的经验，即规定人间思想之形的两个经验，结合而供给出来的。他以经验为神话的胚子，故名经验动力说。

（2）想象动力说（Theory of Fanciful Factor）。此说为泰娄氏所倡，他以神话的动力为神话的想象（Mythic Fancy or Imagination），此想象以关于自然与人生的实际经验为基。想象一语，看去似乎是自由无拘的，是诗人、故事作者、听众随意作成的，实际上是祖先以来传给他们的知识遗产，即是泰娄氏以发生神话的动力，为基于经验的想象。他除以基于经验的想象为神话的动力而外，也以知识（Intellect）为神话的起原及最初发达的原因。结局虽以知识与想象二者，视为神话的动力，然其真意有知识的想象之意，故贝利氏❶之说，为想象动力说。

（3）思索动力说（Theory of Speculative Factor）。以上是泰娄氏对于自然神话所说的，他又特别有哲学的神话（Philosophical Myth）的命名，以其动力为思索（Speculation）。他说："人对于他所逢着的事件，便想知道那事件为

---

❶ "贝利氏"，疑为"泰娄氏"之误。——编者注

第二章 本　论

什么活动,又人所探索的事物的状态,何如为甲,何故为乙,有这样的愿望。此愿望非高级文明的产物,可视为有低级文明的人种的一个特质。即使在粗野的野蛮人之中,在不为战斗、竞技、食物或睡眠所夺去的时间,他们都想有以知的欲望而得满足的要求。连波妥库夺(Botocuto)与澳洲土人,在实际的经验之中,也含着科学的思索之芽。"泰娄氏以思索为神话的其他的动力,故名思索动力说。

(二)神话构成的机缘

以上已说过使神话发生的胚子(Germ),现在说到促进神话发生的机缘(Motive)。

(1)言语疾病说(Theory of Disease of Language)。此说为马克斯·缪勒(Marx Muller)所倡,他的意思以为思想与语言互相表里，二者常相影响；在二者互相反映之间，则陷于一种病的状态，这便给神话的发生以机缘。例如，曙神依峨斯（Eos）一语，本为古代印度语的乌斜司（Ushas）；乌斜司的语源为瓦司（Vas），有"照"的意思。依峨斯一语，实含有"照彼物""照他""照她"诸意。在我们看来，"曙"不过是晨光，或反映于云的太阳光，然而这种表现，则非古代语言组织者的思想。古代人组织了"照""光"（即依峨斯）等意味的单语之后，语言渐渐进化，便会表白出依"峨斯回来了""依峨斯飞了""依峨斯归来了吧""依峨斯醒了""依峨斯强健我们的生命""依峨斯使我们老""依峨斯自海上升""依峨斯是天空的儿女""依峨斯为太阳所逐""依峨斯为太阳所爱""依峨斯为太阳所杀"等等语形了。若问这是什么原故，就答是语言的疾病，这就是神话。

第二章 本　论

（2）泛灵说（Animism）。泰娄氏以神话的构成，在于泛灵说与拟人，即人格化（Personification），即是说原始人将自然现象视为有生命的，而赋与人格；他们视日月星辰与人同样是生活着的，且是有灵的。例如，说太阳是男性、月亮是女性、月亮是太阳的妻子，由此以构成神话。

（三）神话发生的时代

神话的构成，起自何时，是重要的问题。我们大略可以推定神话发生的时代，却不能知道仔细的年月日。神话学家对于这个问题，有四种不同的学说。

（1）泛灵时代说（Theory of Animistic Stage）。指泛灵说存在于一般人类的意识现象之时代，但也有学者反对此说，以为此时神话不能构成。

（2）多神教时代说（Theory of Polytheistic Stage）。吉芳斯氏反对泰娄的泛灵时代说，他断定神话产生的时代，在多神教时代，因为神话是原始人所有的多神的信仰的反映。

（3）诗的冲动发生时代说（Theory of Stage of Birth of Poetical Impulse）。此说为洛勒斯登氏（T. W. Rolleston）所主张，他说神话的构成，在于分布一般民众间的自然力或超自然力之共通观念，被要求表现的冲动所激动的时代。

（4）表情语言时代说（Theory of Stage of Gesture-Language）。丘吉华氏在《宗教的起源及进化》里，曾暗示神话发生的时代。他说："神话、象征、数的起源，一切均应求诸表情语言的阶段。因为表情语言，是表现某种姿态的最初的式样。最古代的埃及象形文字，就是由直接表现或摹仿所得的。即在

第二章　本　论

后代，象形文字尚当作指示的表意文字而继续存在，其字形虽已充分的发达，然自表情符号以至字母的进化过程，完全留着痕迹的。"丘吉华氏虽没有明显地指出神话的构成时代，但也可以暗示他的学说。

（四）神话的发源地

关于神话的发源地也有各种的学说。神话是自发的产生于各民族间的，自然不能以一民族的神话作为准则。兹举出三种关于神话的发源地的学说于次。

（1）自发的发生说（Theory of Spontaneous Generation）或独立起源说（Theory of Independent Origin）。此说为泰娄与他同时代的学者所酿成，吉芳斯也是其中的一人。他们视神话为共同社会里的共通的意识，在各共同社会（Community）里，发生了各种的神话。神话是某时代的民众所有的神的观念之表现，因此各地方所特别信仰的神即地方神（Local God）的观念，当然在各地方变成神话而表现出来。所以，神话的发源是自发的，是独立的。

（2）神话传播说（Theory of Mythic Diffusion）。可是在非常远隔的两地，民众也没有什么交涉往来，他们却有结构相同的神话，这便不能用前说去解释了。例如，魔的逃走故事（Magic Flight）、洪水故事（Flood Legends）、两头鹫故事（Double-headed Eagle）等，它们的传播区域很广，是不能够以独立发生说去解释的，因此有神话传播说。倡此说的，如克洛勃教授便是其一，他以为神话不能与文化史分离，可用同一的推理去论它。神话是从神话中心传播到其他末梢的，在不同的民众、不同的大陆，而有相同的神

第二章 本 论

话的存在，便可证明神话的传播与文明的传播相似。

（3）人心作用同似说（Theory of Similarity of Mental Working）。此说也是泰娄氏所主张的，他说异民族与远隔期域的神话一致，乃是根基于人心作用的同似。

（五）神话的作者

我们对于神话的发生如已没有疑义，则可知神话的作者当然是原始人或野蛮人。文明神话虽较野蛮神话有若干的进步，但混有野蛮的要素。进步的神话的组织，也并不是属于程度怎样高的文化阶段。只是神话的作者果系什么人，对此问题，能下明确解答的人很少。我们不能承认神话是在一个时候由一个人作成的。它是经过长期的年月，是筑在多数人所堆积的经验上的，不知的世界之说明。克拉格曾论神话的生长说："神话如玉匠磨石造玉一样，不是一时成就的。正如橿实变作橿树、松实变作松树似的生育，神话是小种子渐次生长的。培育神话的土壤，是若干年代、若干年代以前的原始人的心。"这明明白白是说神话不是一个时候、一个人、在一个地方作成的，乃是共同社会的共通意识，在不知不识之间凝成，成了定形，由共同社会的民众而语传的。

（六）神话的内容

说明神话的内容，即是说明它的本质。关于这个问题，有下列各种学说。

（1）神话反映说（Reflection Theory）。对于神话的内容，有的说是空想，有的说是事实，有的说是事实的反映，即神话反映说。克拉格氏说："神话不是真实的，虽含有若干

第二章 本 论

真实的要素;它们并非实际的真实,不过在作成他们的人,以为是真实的罢了。"这话的意思就是说神话是真实的反映。

(2)神话史实说(Historical Fact Theory)。主此说者以泰娄为最,他以为神话即史实,神话是人类生活的反映,是将人类生活放在时间的与地理的序位而叙述的历史。他分神话为两类:一类是说明自然现象或自然力的自然神话,他一类是说明人类社会生活现象或生活力的文化神话(Culture-Myth)。后者即是历史;前者说它是历史虽有多少的疑点,然古代人或原始人都将自然现象视为与人类同一,而将它人格化。对于它们的说明也没有离开人类生活。泰娄曾说:"横亘在自然生活与人类生活间的类似是深而且近的,长久间为诗人哲学者所注目,对于它们的明暗、动静、生长、变衰、分解、苏生,在譬喻的形式或议论的形式，他们继续说出来。"由这话可以知道自然神话与文化神话的关系。神话无论是自然的说明或文化的说明，都是在人类生活的规范里，不能离开人生，所以神话是表现人类生活即历史的。

第二节　神话的成长

神话在本来的性质上，一度发生以后，不轻易变化，虽是事实，但神话传承下来，从古代到现在，从一地到他地，从甲传乙，在继承、分布、传播之时，是要起多少的变化的，这就是"神话的变化"。在变化之中，便宿着神话的发达。神话成长的过程及衰亡，大略如次。

（一）传承的种别与形式

神话在发生时的原始时代因没有文字，

第二章 本 论

一切的传达全赖口传的方法。口传（Oral Tradition）对于传达的目的物，使它变化的动机很多，神话也不脱此范围。口传就是口头传述的意思，大别为三种。

第一，继承（Trasmission）。从古代到近代，从原始时代到文明时代，取纵的方向沿时间之流而继承下去。这种继承，需要居中作介绍的人类是不用说的。时代既进，发明了文字，神话可以记录，口传的形式便中止，于是继承因以中绝。继承中绝，则神话便硬化而成化石，它的发达便停止了。

第二，传播（Diffsion）。从原始人到文化人，从古代人到近代人，由人传播开去。这样的传播是用口传，所以多变化，使神话陷于混乱的情形颇多。传播的广度与速度极大，从东半球到西半球，从石器时代的民众到金属时代的民众，以人为媒介，将时与地二者交叉着纵横的扩布。

第三，分布（Distribution）。从甲地到乙地，从一大陆到另一大陆，越野、越山、越海，以人为媒介，横的散布于地球的表面。

这三种的差别，以时、人、地三者维系神话的传承，但并非各自存在；三者常同时活动，神话的传承，因以到今日。今日的文化，是过去了的文化的堆积；今日的我们灿烂的世界文明，所负于过去祖先们的神话之处甚多。神话的传承在文化史上，有重大的职责，是极可注目的。神话之所以能传承，则全赖话术（Art of Story-telling）。

（二）变化的方则

神话的变化不能离开文化传播的方则。神话常受借用（Borrowing）与同化（Assimilation）两作用的压迫，而起变化。变化的形式虽有多

第二章 本 论

种，可大别为异化作用（Dissimilation）与同化作用（Assimilation）二者，或别为自然的变化（Natural Change）与人为的变化（Artificial Change）。

自然的变化，是由于地理的环境一类的机械的动力，无意识的、无时期的所资的变化。人为的变化，是因为社会的环境，例如政治上、道德上的目的，有意识的改变构成的变化。参与这些变化的是人，变化的动因则各不相同，其式样如次。

（1）地方化（Localization）。此为神话变化的一现象，时时遇着的。它的动因为地理的环境，给神话以部分的变化。例如，传说中的天鹅，在某处变成了海豹，在某处变成了狼，或变为鸽、蟹、鸭、鹰，随各地方民众所亲的动物而变化。

（2）风土化（Acclimatization）。与前述

的地方化相似，惟前者被化于风土，此则使驯化于风土，人间的意旨加进了许多。这种变化常与后列二种变化共同活动。

（3）统一化（Unification）。常因政治上的目的，起人工的变化。例如，希腊神话不适于罗马人时，则改造使适合之类。当此时，本来神常与输入神一致。

（4）道德化（Moralization）。原始时代作成的神话，不适于新时代的民众，或觉不道德，则造改它，使它成为道德的。希腊神话以后的神话，时常遭受这种运动，使神话陷于混乱。如中古的僧侣及其他的神话解释者对于希腊神话的改造是其例。此种变化，有的人又称为合理化（Rationalization）。

（三）发达与衰灭

神话的发达（Development）与神话的

第二章　本　论

变化（Change）虽可同视为一，但亦可区别为二，即是前述的变化，是被起于神话传承间的外界的动因所刺激而起的。这里所讲的发达，是指神话本身所有的内界的动因而起的变化。故前者可称为外的变化，后者可称为内的变化。神话的发达史与宗教的发达史相似，只是神话不是宗教，不过是宗教的反映罢了。

神话的发达，可分为下述的四阶段。

（1）泛灵的神话（Animistic Myth）。在原始时代，他们说明人格化的神，以人格的存在为一要件。人格的存在是由泛灵观产出的，所以原始神话可以视为泛灵的神话。

（2）物神崇拜（Fetishism）。神物（Fetish）的崇拜是全世界的野蛮人都有的信仰，他们相信精灵或超自然的存在是寄托于某物的。

如木、水、石等，在野蛮人看来，都是精灵的住家。物神是从神发达而生的，但二者之间俨然有别。神是保护者，应允众人的祈祷；物神是专有物神的个人，是属于某部落的精灵。表现物神崇拜的物神神话（Fetishistic Myth），为数不多。

（3）图腾（Totemism）。这是神话中常常表现出来的宗教相。图腾是在传说上，与某社会群结合的动物、植物或无生物。这种社会群从图腾所得他们的群名，以一种图腾作为徽章。属于那一群的人，都以为自家是图腾动物或图腾植物的后裔，或亲属。因为他们与图腾之间有拜物的宗教的结合，于是图腾群的人，除了祭仪与一定时间之外，不食他们所崇拜的图腾动物。反映这种宗教姿相的神话，可名之曰图腾神话（Totemic Myth）。图腾神话很多，如罗马神话中的周

第二章 本 论

比特与勒达的故事（周比特变为天鹅）便是其例；埃及的神都有动物的头，所以是图腾的。这种图腾神话，是反映古代社会宗教的生活的。

（4）多神的神话（Polytheistic Myth）。多神教是一种宗教相，信仰带有各样属性的、强大的一群神祇的存在。如埃及神话与希腊神话，便是把那些神祇所带着的属性与种别人格化的神话。

（5）一神的神话（Monotheistic Myth）。一神教是崇拜独一的神的宗教的阶段，它是从多神的信仰进化而来的。一神教的信仰常由一国传播他国，更进而至世界各地。如关于基督教的神的神话，便是表现这种过程的一神的神话。

以上五项，是神话的发达阶段。因为时代

的进步，人类知识的增加，宗教的信仰也起了变化，如舍弃泛灵观与图腾制、从泛灵教至多神教、由多神教变为一神教。神话也与此相同，原始的神话已发达为文明的了。原始的被舍弃、被遗忘、被改作，或堕落而为民间故事与童话，不过仅存残骸而已。即是文明的神话，也到了被进步的科学的炬火所照的时候，它的黑暗部分，已非被照穿不可了。

神话的时代，已经是过去了，到了现在已成了化石；正如由人体化石以调查人类过去的体质一样，由神话（即人类过去的文化的化石）以研究人类过去的文化的日子已来临了。信仰的化石与知识的化石的神话，在很远以前已衰灭了，将它的残余留在民间故事与童话里。诚如泰娄氏之言："神话的成长，已被科学所抑止，它的重量与例证正趋消灭；不单仅是正趋消灭，已经是消灭了一半，它的研

第二章　本　论

究者正在解剖它。"换言之，反映信仰的神话，与宗教或运命相同；反映知识的神话，已让它的生命于科学，而闭锁它的历史了。

第三节　神话的特质

神话是总称，分析之余，有关于诸神或英雄的神话，有关于自然现象或社会现象的神话；内容虽各不相同，但各种均有一共通点，我们由此可以知道神话的特质。神话的特质，可分为五。

（一）人格化（Personalization）

表现在神话里的主人公必须是人格化，这是神话的第一特质。神话里所叙述的主人，不管是神祇或英雄，都必须是拟人的，他们有人格，即是人间实生活的反映。所表现的人格虽有差异高卑，但乃是社会的反映。希腊的诸神，反映希腊民族的思想；克尔特（Celt）的英雄，反映克尔特族的生活。因此，低级的原始民众的神话反映原始社会，高级的文明民众的神话，反射文明社会。希腊的神话，与澳洲土人的神话是大相径庭的，其原因也就在于此。这种差异，造成它们各不相同的神话，与他们所保持的社会文化程度相应而产生。不问程度的高低如何，他们所语传的神祇与英雄，所经过人格化的观念则如出一辙。这种人格化是根基于原始人胸中所宿的有灵的心状（有灵的心状即是使神话发生的动因），因为他们视一切为有灵，便将一切视为有人格的存在。

（二）野蛮素（Savage Element）

野蛮的要素即非文明的要素的意味，意指许多不合理不道德的分子，包含在神话之

第二章 本 论

中。不拘是述神祇的故事或述英雄的故事，神话总是在原始时代作成的，纵令有些是在文明时代由文明人语述的，但在文明人，那神话也是从祖先（自然人）所留下来的遗产（Legacy），所以神话里充满不合理的、野蛮的观念，是当然的。神话的野蛮素，毕竟是神话时代的社会生活的投影，因为要探究投影于神话的实物，遂可视神话为原始社会生活反映于诸神及英雄之物。包含在神话里的野蛮素，据马克斯·缪勒氏之说，他以为是"一时的发狂时代"（Period of Temporary Madness），这时代是人类的心所不可不经过的，即是原始人的一种幼稚的心状。施彭斯氏则以为野蛮素是野蛮人及无教育者所有的"小儿的性向"（Child-like Propensity），吉芳斯以为是一种"未熟的心"（Immature Mind）。这两者都是原始人所有的原始心状。在制造神话的时代、语传神话的时代，没有人以为是不合理或者野蛮，大家承认、首肯、传承，成为了一个或一个以上的共同社会的共同意识。这种意识状态，决不是异常的，也非变态的，是通常的而且正则的。

（三）说明性（Explanatoriness）

神话的第三个特质就是有说明性。围绕原始人的自然与人，及他们所见闻的自然现象与社会现象，在他们都引起了惊异与注意，继而成为发生疑问的原因。惊异、注意等意识作用，当然成为疑问，占据在他们的脑里，是非解答不可的，解答即是说明。原始与小儿同，他们对于许多的"何故"，加以解答，造了关于星与动物等的故事，把故事在村里的会所或火炉边述说，以安慰他们黄昏时的寂寞；对于不能说明的各种现象，都加以简单而富于兴趣的说明。

第二章　本　论

（四）形式美

形式美是神话的第四特质，是指表现的方法适合美的定则之谓。神话的表现形式在于谈话（Telling），虽是散文体，但并不是平铺直谈（Straight-forward Prose Talk），乃是多少有节奏、有旋律之韵律的谈话（Verse Talk）；谈话有它的整然的调子（Intoration），若无调子则不便记忆，也不足以感动听者。这种韵律的调子，就是形式美，为神话的特质之一。

（五）类似相（Analgousness）

世界上有若干的民众，他们各有各的神话；神话的种类虽多，但探讨它们加以比较，便能发现一种神话与他的完全类似，这便是类似相，为神话的第五特质。神话里有类似的原故，其原因在于近世文明的进步，科学的光芒照射到世界的暗隅，无论怎样远隔的低级民众神话也可以知道。比较的材料，在数量上扩大，由于充分比较探讨的结果，便知道神话中的类似。至于问到各地的神话何以会相类似，则有二说：一为人心作用同似说。因为原始人的心状是同一的，在同一时代，有同一情节的故事，在这里那里被造成功。二为传播说，神话由中心地移传到别的地方。传播以后，经过长年月，有的被侵蚀，发生变化，有的仍有永久的生命，所以相似。

以上是神话的五个特质，再简括言之，就是"神话的发生过程，是因野蛮时代，说明疑问，将主题人格化，用美的形式传述，殆全无变化的传播各地，在这里都可以看见类似的神话。"

Chapter
第三章
03

方法论

第三章　方法论

第一节　序　说

一切的学问是由研究而成立的。学问的研究，又需要一定的对象。对象的研究，有一定的方法，对象与方法足以规定学问的职能。神话学一科，也不能离开这个范围。前面第一章已讲过神话学的研究对象与职能，第二章已探讨神话的发生、成长，从历史上去考察。现讲方法论，说明神话学研究的态度与手续。

神话学的研究对象，虽以神话为主，尚应以民间故事、古谈、习俗等做副材料。用什么样的方法去搜集材料，就什么样的纲目分类，以怎样的态度研究，说明这些，就是本章的目的。具体的研究方法，可以分为三种：

（1）材料怎样搜集＝搜集（Collection）的方法。

（2）材料怎样分类＝分类（Classifi-cation）的方法。

（3）材料怎样比较＝比较（Comparison）的方法。

上列三种方法是等价的，分述如次。

第二节　材料搜集法

神话学的研究材料，应以神话为主。神话是神话学的核，它有时不是独立存在的，是与民间故事、古谈、习俗等共存的；即使不共存，也常立于相互感化的位置。神话学的材料，可用下表显示出来。

第三章 方法论

神话学的材料（Mythological Materials）
- 主要的（Principal）
  - 神话（Myth）
  - 神谣（Sacred Songs）
- 补助的（Auxiliry）
  - 民间故事（Folk-tale）
  - 民谣（Folk-songs）
  - 古谈（Legends）
  - 习俗（Customs）

以下便依照这秩序，说明材料搜集的方法。

（一）主要的材料

神话的搜集是很困难的，对于在某时代已用文字记载的，应该尽量搜集，勿厌重复。因为本源与分歧的关系，在许多场合，是在重复之间看出来的。属于这种的，称叫成文神话（Myth Written），文明的民众，大抵都有的，只是它们有"统一的"与"非统一的"之别。有统一的称为神话组织（Mythology），非统一的单称为神话（Myth），这就是二者的普通的区别。如希腊神话就是丰美的神话组织，日本神话则仅为神话。当搜集材料时，无论那一种，都应该采取，不管它的价值如何，只要数量多。"数量多"是搜集的第一秘诀。不成文神话（Unwritten Myth），流传于山僻的无文字的人间，时含有多量原始的价值，以直接从民众的口里探得的为正确；否则，也可由旅行者或民俗学者们间接取得。搜集的第二秘诀是"正确"。

神谣是赞歌（Hymn）与关于诸神的行动属性的歌谣之总称，有记录的与口传的两种。这类的搜集法与神话同，最便宜的方法是当祭礼仪典举行时，到神社去采集。搜集的第三秘诀是"时"。

（二）补助的材料

（1）民间故事是起源于神话的，是在文明民众之间，照原始的残存着的传说。以未经记载的为普通，搜集时极感困难，一一直

第三章 方法论

接采集更不可能,以嘱托各地的有志者搜集为便。近来各国都有专门的杂志,又见于随笔、纪行文、地志、指南等,广泛的涉猎这类的书籍杂志,是很要紧的。但不必定要现存的,在最近的过去所记录的也可采用。搜集的第四方法是"亲切"。

(2)民谣虽没有民间故事的有用,但它的譬喻等原始的表现,可以助神话的说明,可当作补助的材料使用。这种有原始的价值的东西,已经大部分被采集了,山间海边也许还有遗漏的,以尽量的多搜集为妙。民谣是很简单的,有时只不过存留断片,也有意义难解的。应从各地采集,搜集的第五秘诀是"广泛"。

(3)古谈在各地大抵有一两种传述着,无论关于土地的也好,关于人物的也好,只要是关于实在的事物,就应无好恶的搜集。

古谈虽是琐絮的,但有时可借以知道未知的历史的事实,或者已知的历史的事实被它消灭的;当搜集时,选时不可加以好恶之感。搜集的第六秘诀是"公平"。

(4)关于习俗,在这里本可不讲,兹略加说明。这里所谓习俗,是指行于民间的,或曾经行于民间的共同习惯(Common Usage);造成它(或曾经造成)的动因,是信仰(Belief)或迷信(Superstition),由传统力(Traditional Force)而存在(或曾经存在)之物的总称。严密说来,如加以形容词就是传统的习俗(Traditional Custom)。神话学的材料以说话为主,神话虽占主要的分子,但除当做补助分子的民间故事、古谈之外,如采用与说话有姊妹关系的习俗,也是应该的。神话是过去的文化,是生活的历史,这种神话因为忘却或遗失而远于理解时,习

第三章 方法论

俗可以作引导它们到理解之用。

习俗的搜集以部落为一单位。一部落之中,有习惯特异的家族,他们常常对于特殊历史的存在之证明,极有益处,因为可以帮助被忘了的神话之说明,应该用绵密的注意去调查。值得调查搜集的习俗,不单仅是宗教上的定期的行事与临时的行事,凡显示一般社会关系的,应尽量多搜集。有时在细微的物事之中,含着无限的历史的意义,因此不宜加以轻率的批评。关于事物的生活式样,不拘什么,应详细记录,或者摄影以期无遗漏。搜集的第七密诀,便是"绵密"。

除上列四种之外,可搜集的补助材料尚多,极端说来,人间生活的一切,都可以作神话学的研究材料,可不必列举。其中如童谣(Nursery Rhymes)、童话(Nursery Tales)、谚语(Proverbs)等,传统的很多,常具有神话的起原（Mythic Origin），可以搜集，作为神话研究的补助材料。

第三节　神话分类法

既已搜集材料，则应依据一定的标准、一定的手续，适当的处理它们。适当的第一处理法，就是分类（Classification）。若分类不得法，则所搜集的材料是死的。神话的分类是极困难的问题，有时失之烦琐，有时失之概括，兹分类如下表。

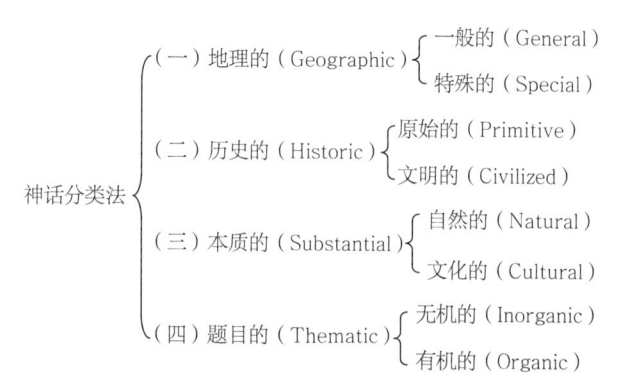

神话分类法
- （一）地理的（Geographic）
  - 一般的（General）
  - 特殊的（Special）
- （二）历史的（Historic）
  - 原始的（Primitive）
  - 文明的（Civilized）
- （三）本质的（Substantial）
  - 自然的（Natural）
  - 文化的（Cultural）
- （四）题目的（Thematic）
  - 无机的（Inorganic）
  - 有机的（Organic）

第三章 方法论

兹照上表的秩序,加以简单的说明。

(一)地理的分类

地理的分类,是不拘神话的内容如何,悉从地理的分布而分类的方法。一般的神话,是指世界总体的神话之意,亦即世界的(Universal)之意;特殊的神话,是由国家或民族区分的,如德国、日本、印度、波斯的神话等是。一般的神话是发现类同以求进化原理的"一般神话学"或"比较神话学"的材料;特殊神话是研究神话的进化过程的"特殊神话学"或"国民神话学""民族神话学"的资料。二者的差别,在于地域的区分,本质上无何等差异,均可供研究异同的资料之助。

(二)历史的分类

前者是横的分类(Lateral Classification),

此则为直的分类（Vertical Classification），即是不注重神话的分布与题目，依神话发达之历史的过程，以究文化进步的阶段。第一种为"原始的神话"，已发生而尚未长成的神话均属之。原始神话又名野蛮神话，若尚未聚集各个体以成有体系的神话群（Mythic Group），也可称为"独立神话"。此种神话，是单独的神话，未成为神话组织。它是当作一个神话存在的，所表现的不过民众生活的一部而已。文化价值之少，是不用说的。可是原始神话为一切神话的基础，无论什么神话组织，非一次通过此阶段，则不能成为有体系的；所以将它当作神话的基础的材料，是有用处的。第二种是"文明的神话"。这种神话在发生后已充分成长，不仅失其原形，其各个体生了相互关系，成为一个神话群，所以又可以称为"体系神话"（Systematic Myth）。独立神话显示古代社会、古代宗教、古代知

第三章　方法论

识的一部分，体系神话则显示它们的全部。文明神话较之原始神话虽是伦理的、合理的，但也包含着若干的非伦理的、不合理的要素；神话的进化过程，借此可以阐明，即是文明神话，不单只是反映它们所作成的比较的高级的古代社会，也反映自低级社会到高级社会的过渡的途程（Transitional Course）。

　　探讨希腊、罗马、印度等有体系的高级神话者，是为高级神话学（High-classed Mythology），反之，探讨如南洋、南北美、澳洲等处土人的无体系的低级神话，是为低级神话学（Low-classed Mythology）。从神话学的价值看，在近代的一点上，以低级神话为基础的神话学，较之以高级神话为基础的神话学，更有意义。神话学的最近的倾向，可说是以野蛮神话为主要材料。

（三）本质的分类

地理的分类（横的）与历史的分类（纵的）相交，是为本质的本类，即纵横相交的十字分类（Crosswise Classification）。以神话的本质为准则，可分神话为自然的神话（Nature-Myth）与文化的神话（Culture-Myth）二种。

自然神话或称天然神话，是为说明自然现象或自然力而作成的故事。原始人最先所惊愕、怀疑的，是围绕着他们的自然。他们对于蔽掩于上的穹窿状的天，与虽有起伏而大抵为平地的大地，与及二者之中的人，思索这些的关系，由此疑问便产生自然神话。他们以天为父、以地为母、人是二者的子孙，此三者的疑问已解决，于是第一种的神话便成立了。他们的观察更进，至于动植物、日月水火、降雨、吹风、地震等，他们无不想解决这些的因果，

第三章 方法论

由此更产生各种的自然神话。

文化神话亦称人文神话。此种神话，是因为说明人类的精神力，或其作用的社会现象而起的；是古代人对于一切生活式样的起原进化的解释，具体的表现出来的。自原始以来，人类不绝的努力，他们使用的共同生活里所享受的幸福与安定的方法，渐次进步；他们忘记了这种过程，对于社会的习惯与制度起了疑问时，便想解答，其结果便生出了文化的神话。例如，人何故产生、何故害病、何故结婚、为何有帝王、为何有奴隶，这些关于人间社会生活的疑问，起伏于他们的胸里，遂尽能力所及，努力企图解答。因为他们没有抽象的观念，一切的说明，都非具体的表现不可，因此便产生了许多的文化神话。

（四）题目的分类法

这种是以主题（Theme）为主的分类，

可别为无机的神话与有机的神话两种。前一种，是用一切的无机物为主题的神话。存在宇宙间的有定形（或略有定形）的矿物，不论石也好、岩也好、金属也好，一切均包含于此分类之中；如天、地、海、河、雷、雨、云雾、风等现象，也包含于其中。后一种，是叙说一切有机物的神话的总称。从有机物成立的，有成长、生殖、运动及感觉机能的一切生物的神话，都包含于此分类里面；动植物不用说，关于人类及社会现象的神话，也包含其中。

（五）神话分类的二三例

神话的分类虽有一定的型式，但可以看出若干的共同型，兹举例如下。

第一例，见比安其教授（G. H. Bianchi）的《希腊与罗马的神话组织》，此例是依特殊

第三章 方法论

神话学,以神为主体的分类。

第一部 天地开辟及神统

第二部 诸神

俄林普斯诸神

海及水诸神

天上及下界诸神

家及家族之罗马诸神

第三部 英雄

人类之创造及原始状态

地方的英雄传说

英雄时代后期的事迹

第二例,此例是以情节为主的分类,为哈特兰(Hartland)教授所倡。就情节之相同者分类，自百种中求得五十目，由五十目中求十类，由十类中求五型。哈氏本用之于童话，但在神话方法亦同，特举于下。

（1）仙魔助产故事（Fairy Births and Human Midwives）；

（2）人妖换儿故事（Changelings）；

（3）仙乡盗窃故事（Robeoies from Fairyland）；

（4）仙乡淹留故事（Supernatural Lapse of Time in Fairyland）；

（5）天鹅处女故事（Swan-maidens）。

第三例，这一例是将各种要素交织，集成普通的分类的"综合的分类法"。施彭斯（Spence）氏的分类，便属于这一例，他将神话分为二十一种。重要的神话，必属于其中之一。

第三章 方法论

（1）创造神话（Creation Myths）；

（2）人祖神话（Myths of the Origin of man）；

（3）洪水神话（Flood Myths）；

（4）褒赏神话（Myths of a Place of Reward）；

（5）刑罚神话（Myths of a Place of Panishment）；

（6）太阳神话（Sun Myths）；

（7）太阴神话（Moon Myths）；

（8）英雄神话（Hero Myths）；

（9）动物神话（Beast Myths）；

（10）习俗或祭仪神话（Myths to Account for Customs or Rites）；

（11）冥府神话（Myths of Journeys or

Adventure Through the Under World or Place of the Dead）；

（12）神圣降诞神话（Myths Regarding the Birth of Gods）；

（13）火的神话（Fire Myths）；

（14）星辰神话（Star Myths）；

（15）死亡神话（Myths of Death）；

（16）死者食物神话（Myths of the Food of the Dead Formula）；

（17）禁忌神话（Myths Regarding Taboo）；

（18）解体神话（Dismenberment Myths）；

（19）神战神话（Dualistie Myths）；

（20）生活起原神话（Myths of the Origin of the Arts of Life）；

（21）灵魂神话（Soul Myths）。

第三章 方法论

第四节 比较研究法

既然搜集神话研究的各种材料,将它们分类了,其次则比较也极重要。比较(Comparison)就是对照两个以上的材料,以看出其异同之意。由于各种材料的比较,可以发见它们的类似或差异。第一,类别材料,规定各种材料的基本的要素与分歧的要素;第二,探求材料的变化的过程。基本与分歧既明,再求各材料之分布的路径,借以发见其历史的意义。

比较的研究法,可分为下列的各种。

(一)统计的研究法

此法先由题目的分类,以聚集情节相同的神话,从里面选出形式(Formula)比较完全的,以求得若干构成情节的要素。例如,天鹅处女故事里，天鹅变成少女，与人间的男子结婚，养了几个孩子；结婚的动因是在于失了羽衣，后来得了羽衣就逃走了，结婚因此破裂。这故事分布世界各地，自不能具备各种要素，有的变化了，或者堕落的。如将这故事的要素分析出来，就是：（1）结婚了的性的种类；（2）男性的种类；（3）结婚的有无；（4）产儿之数；（5）结果等。再于各例中检点它的异同，同似的可以表示原型，差异的可以表示变化，于是这个传说的起原、发达与衰颓便明显了。这种统计的材料，数目越多越能看出精确的结果。

（二）人类学的研究法

这是站在文化人类学（Cultural Anthropology）的立足点，以研究神话的方法。文化人类学是文化的进化史，所以人类文化，换言之，即反映人类生活式样的神话之研究，

第三章　方法论

当然应为文化人类学的。所谓"文化人类学的研究",包含考古学的、工艺学的、社会学的、言语学的、土俗学的五方面,是多角的、立体的研究。最近值得注目的研究,多取此种形式。例如,斯密司教授的《龙神的进化》(Smith：*The Evolution of the Dragon*)、伯利博士的《日之子》(Perry：*The Children of the Sun*)等作,虽非纯粹的神话研究,却是以神话为中心的人类学的文化史研究。

（三）心理学的研究法

这是对于神话的比较研究,最有益的方法。最近的学界里,社会学、土俗学、史学的研究,都应该用心理学的方法,这是李维斯博士所主张的。他把"心理学的"一语的意义,解释作讨究含有意识的、无意识的二者的心的现象之学问。这样解释,则与人类生活也不能不接触,尤其在神话、民间故事,全然离开心理学的约束的研究，是不可能的。今日的心理学者，仅由内省以研究自己的心的活动状态，已不能满足，必观察小儿，从人、动物的理性，以帮助内省；对于政治的制度、经济的过程、宗教的祭仪，与及其他人类社会的各种技术所表现的集合的习性（Collective Behaviour），也必须勤于观察。如是，则神话的世界里开拓新视野；神话学的方法，更精细微妙了。

试举一例。如象征主义（Symbolism）的解释，象征不是野蛮人、小儿所代表的人类思想的雏形，是由梦或病而起的。梦之想像的、非合理的组织，是觉醒时未上意识的欲望与忧虑的象征的表现，这便将象征性给予神话与祭仪。遍在于世界的象征主义，是病理的或准病理的过程，可以将它应用于各人种的神话与祭仪。倡此说的，有杨（Young）、弗洛衣特（Frued）一派的心理学者。但此说

第三章　方法论

在李维斯与斯密司一派看来，则以为象征的世界的使用，是在社会的遗传，弗洛衣特学派的解释，便根本破坏了。

在人类、民族、场所、环境不同的地方，有相同的神话时，对此问题的解释，有两方面：一是由民众的漂泊，从甲地移到乙地的传播说（Theory of Migration）；二是起人心同似作用，独立的、经进化的过程的独立起原说（Theory of Independent Origin）。李维斯分独立起原说为两群：一是使"同似"在两根平行线上发达的平行说（Parallelism）；二是受了同似的外界的影响的结果，不同似的遂至同似的近似说（Convergence）。这种心理学的分析，是神话学的方法的根本。

（四）社会学的方法（Sociological Method）

这方法是文化人类学的方法的一方面，在

其中占重要的位置。由亲子的爱情，逆溯以至两性相吸引的情欲，被人类协同心培植着，显示无限的发展与转变的社会现象；在它的进步的低的阶段，是神的世界，反映在神话里面。所以神话的研究，应在社会学的条件之下，作分析、综合、比较的研究。

（五）宗教学的研究

构成神话的主体是神，这些神在许多场合是代表信仰的，他的行动是代表习俗的，所以宗教学的方法，在神话研究上，与社会学的方法同样的重要。这种研究法，阅者可参看本书第二章第二节，兹从略。

Chapter
第四章

神话之研究的比较

第四章 神话之研究的比较

第一节 自然神话

（一）太阳神话

人类周围的自然界，为神话发生的根本动机之一；又气象界的现象，使神话的发生有力，也是事实。所以太阳神话，为自然界神话的重要分子。

我国的旧记，有关于黄帝与蚩尤的争斗的记载，在比较神话学上，可以作为天然神话的解释，使这个解释具有可能性，则赖于下列的原素。

黄帝与蚩尤战于涿鹿之野，常有五色云气。

黄帝与蚩尤战于涿鹿之野，蚩尤作大雾，兵士皆迷。

蚩尤幻变多方，征风召雨，吹烟喷雾，黄帝师众大迷。帝归息大山之间，昏然忧寝。王母遣使者被玄狐之裘，以符授帝。佩符既毕，王母乃命九天玄女，授帝以三宫、五音、阴阳之略，太乙、遁甲、六壬、步斗之术，阴符之机，灵宝、五符、五胜之文。

蚩尤作兵伐黄帝，黄帝令应龙攻冀州之野。应龙畜水，蚩尤请风伯、雨师纵大风雨。黄帝乃下天女曰魃，雨止，遂杀蚩尤。魃不得复上，所居不雨。叔均言之帝，后置之赤水之北，叔均乃为田祖。

蚩尤果是什么呢？因为证据不完全，不能精密的推定。但曾说他征风召雨，吐烟喷雾，

第四章　神话之研究的比较

纵大风雨，由这点下观察，则他和风雨有因缘，是不用说的。风伯、雨师就是风神、雨神。率风神、雨神以起大暴风雨，即是把暴风雨人格化，因此以蚩尤为暴风雨的神，在神话学上，并非判断的错误。在其他民族神话里，也可求得同样的自然现象的人格化。蚩尤在这里是阻害社会之进步的恶神。故蚩尤（暴风雨神）是破坏和平、降害于人的暴风雨之人格化。

黄帝立在与蚩尤正反对的地位，有人文的英雄神的性质。关于他的人文的事业，记载于古史者颇多。他与蚩尤战争时，王母遣玄女授以兵法，给与神符咒力，助他灭蚩尤，后为垂髯之龙迎接，白日升天。如以蚩尤为人文阻害的恶神，则黄帝当然是人文拥护的善神。在中国古代的传承里，国家最初的元首，大概由名字以表示性格，如天皇、地皇、人皇、有巢、燧人、庖牺，无不皆然。炎帝神农，正如其名所示，为农业的保护神。农业非得太阳的恩惠，不能生存发达，炎帝在这一点，应该是太阳神。黄帝次于炎帝，宰治天下，他的性质，也可从他的名称想像出来。"黄"字可解为太阳或田土之色，在蚩尤战争的故事里，是暴风雨神的反对，有太阳神的性质。他得了旱魃便杀了蚩尤，在这一点也可以想像。

若以黄帝与蚩尤之争为太阳神话，即太阳与暴风雨的争斗，这说明在根据上甚为薄弱。黄帝为暴风雨神，由较有力的根据，可以这样说，如以黄帝为太阳神，未免是一个臆断。但是这个故事在别一方面，使太阳神话的解释有可能，也不必一定要确定黄帝是太阳神。蚩尤的势力，在纵大风雨这一点；黄帝降魃以止大风雨，蚩尤失了力，便被杀。魃是旱魃，旱是太阳的作用，即是说，由太阳的威力以

第四章　神话之研究的比较

征服蚩尤；自然神话（太阳神话）的解释，于此可以求得根据，而且这根据是不能动的。此神话在别方面可以作人事神话的解释，但不妨碍自然神话的解释。或者经古代史研究的结果，有纯历史解释的可能，但是也一点不碍自然神话的解释。

希腊神话里有怪物名叫麦妥查的，相貌丑陋，见之可怖，化而为石。英雄伯尔梭斯用智谋征服他，斩其头携归，献于女神亚典那。女神的胸甲上的怪物的脸，就是此物，称曰耶基思。女神以甲临战，所向无不胜，天下皆畏服，正如黄帝以蚩尤的画像威服天下一样，他以怪兽"夔"作鼓。二者正是同样的笔法，这可称为偶然的类似。

日本神话里有天照大神与素盏鸣尊轧轹的一段，其中有国家的分子、宗教的分子、社会的分子，所含自然的分子更是显明，可作太阳神话的解释。

天照大神的称号,已示此神为太阳神。古史中也屡称此神为日神。"天照"即照耀天空之意,照耀天空的自然是太阳。此神又称为大日灵尊,日灵即日女,有太阳女神之义。关于此神的产生,有如下的记载:伊奘诺、伊奘册二尊议曰,"吾已生大八洲及山川草木,何不生天下之主宰",乃先生日神。此子光华明彩,照彻六合之内。二神喜曰:"吾子虽多,未有如此子之灵异者,不宜久留此国,亟送之于天,授以天上之事。"次生月神。其光彩亚于日,以之配日而治,亦送之于天。日神是自然的基础的太阳,由此神话可以明白。

古史神话《古事记》里,在日、月、素盏鸣尊三神出现一条下,曾说素盏鸣尊的性质——此神勇而悍,常哭泣使国中人民夭折,

第四章　神话之研究的比较

又使青山变为枯山，使河海悉干涸。由此记载，可知他是一个有强暴性质的神：哭泣是他的根本性质，因为他的哭，使青山枯、河海涸、万妖发；他的哭泣的状态或结果，是十分可怖的。如此伟大的神格，且有自然的基础，则以他为暴风雨神，未尝不可。又素盏鸣尊得父母的许可，将与姊神天照大神相会；升天时，溟渤为之翻腾，山岳为之响震，山川国土皆轰动，这明明是记载海岛国的暴风雨神来的状况。我们认此神话为一个空中神话，或太阳神话，并非没有根据。

（二）天地开辟神话

天地开辟神话，就他的本来的性质说，不可称为自然神话，现在说到他，是借它作例证，说明四围的自然，对于民族神话，有多少影响。

我国的天地开辟，见"盘古"神话，其

中可分为两个形式：一是尸体化生神话，一是天地分离神话。现就《五运历年记》《述异记》《三五历记》中举出三个泉源。

元气蒙鸿，萌芽兹始，遂分天地，肇立乾坤；启阴感阳，分布元气，乃孕中和，是为人也。首生盘古，垂死化身，气成风云，声为雷霆，左眼为日，右眼为月，四肢五体为四极五狱，血液为江河，筋脉为地里，肌肉为田土，发髭为晨辰，皮毛为草木，齿骨为金石，精髓为珠玉，汗流为雨泽；身之诸虫，因风所感，化为黎甿。

盘古氏，天地万物之祖也，然则生物始于盘古。昔盘古氏之死也，头为四岳，目为日月，脂膏为江海，毛发为草木。秦汉间俗说，盘古氏头为东岳，腹为中岳，左臂为北岳，足为西岳。先儒说，泣为江河，气为风，声为雷，目睫为电。古说，喜为晴，怒为阴。吴楚间说，

第四章 神话之研究的比较

盘古氏夫妻,阴阳之始也,今南海有盘古氏墓,亘三百里。俗云,后人追葬盘古之魂也。

天地混沌如鸡子,盘古生其中,万八千岁。天地开辟,阳清为天,阴浊为地,盘古在其中,一日九变,神于天,圣于地。天日高一丈,地日厚一丈,盘古日长一丈,如此万八千岁。天数极高,地数极深,盘古极长,后乃有三皇。数起于一,立于三,成于五,盛于八,处于九,故天去地九万里。

上三种泉源,第一、第二两种的形式完全相同,可名之曰"尸体化生说",或"巨人尸体化生说"。此为世界大扩布的传说之一,大陆国民的天地开辟神话,多有此例。第三种为天地分离神话:天地开辟之初,盘古生长其中,一日一丈,如此者一万八千岁,结果天地的距离九万里,这便是天地的分离。

第二节 人文神话

社会的进步与人文的发达的意义,是说人类的历史,可分为无数的时期。如果社会不断的发达、人文永久的进步,则各时期与其前的时期比较,更为完全;但与后来的时期比较,则更为不完全。所谓发达,所谓进步,不过是比较之意,绝对的完全,到底不能实现,在这意义上,一切时代,都可说是不完全的。因为不完全,所以进步、发达。不完全即是走向完全的原因,简言之,不完全生完全,缺如生出圆满。绝对的完全圆满,就是进步的极点;发达的极致,即人文的终极,但社会不能发达到超过这地步,人文不能再越此前进,其结果为社会的终灭、人文的死灭、人类的绝灭,亦即世界的最后,一切皆归乌有。不完全或缺陷,从某点看起来,是社会的不

第四章　神话之研究的比较

调和之意,是人间的罪过、罪恶之意。苟社会发达,人文不断的进步发展,社会便不能免除不调和;人间的罪过、罪恶,便也不能断绝。不调和与罪过、罪恶成为动机、成为原因、成为因果的连锁似的维系不断,乃能进步发达,这乃是真正的调和。从某点看来,不调和即是调和,缺如就是圆满,充言之,罪恶乃是人文开展的动机。

希腊神话的神统论,关于此点,供给吾人以很有兴趣的例证。在以宙斯(Zeus)为首的俄林普斯山(Cymbus)顶,诸神均有神座,他们是当时希腊国民的社会神或人文神,是国家的主宰者、社会的拥护者。那山上的神界,在希腊当时的国民,乃是人间社会的理想。然试考察宙斯神界发达的历史,据神话所记,达到最后的这种完全的社会组织,凡经三个阶段。其间有几次激烈的争斗,有流血、惨酷的事件。固然，自希腊神话的性质说，神话的记事之中，可以看见许多天然的分子，所以可以下自然的神话的解释。若完全解释它为人事神话，是不可能的；然而从他方面观察起来，其神话的根柢，实有一种社会观隐伏着。当此神话形式存在时代的希腊国民，无意识的从经验中得到一种社会观，有了"完全的产自不完全"的观念。所以在希腊神话里面，有一种社会观存在，那社会观，就是社会的发达，是不和、冲突与争斗的结果。

希腊神话里的人文神话，由下面所述的一例可以说明。希腊第一次的主宰神是天神乌拉洛斯，第二次的主宰神是天神克洛罗斯；俄林普斯神界之主、亚典那之父——天神宙斯是第三次的主宰神。克洛罗斯是乌拉洛斯的末子，宙斯也是克洛罗斯的末子。乌拉洛斯的宇宙主权倒了以后，主权便移到克洛罗

第四章　神话之研究的比较

斯的手中；克洛罗斯的世界政治颠覆以后，主权又归诸宙斯的手里。这非如寻常一样继承相续的结果，不过是纯然的一种革命的结果。乌拉洛斯被末子克洛罗斯所杀，克洛罗斯的末子宙斯又用他独特的武器——电光霹雳，以灭其父之军，都是无上的大罪恶、无比的不祥。犯了大罪恶的宙斯，遂掌握第三次即最后的宇宙政治的主权。他做了宇宙之主、世界之首、神与人的父；受无上的尊崇，尊为最高的人文神。宙斯的罪恶，到了后来成为宗教上的问题：以一个犯大罪恶的神来做国家的最高神，似无理由。但此不过褊狭的道德上的议论，其实是太古的纯朴自然的思想观念，此种观念为神话的根柢。

父子的冲突，即前代与后代的冲突，乃是不祥的事件，但此不祥，有时是为大目的的牺牲，不得不忍耐的。如果儿子不能出父的思想范围以外，则人间便无进步可言；后代若墨守前代的思想习惯，一步也不敢脱出，则社会的发达便没有。如其人类进步、社会发达，父子的冲突、新旧思想的冲突，终于不免。冲突的结果，发生了不祥的事件，是不得已的。因为要达到人文的进步、社会的发达这样的大目的，所以有不祥也只好忍受，如杀人流血，不过是对于进步的一种牺牲。乌拉洛斯被杀、克洛罗斯被灭，都是对于进步的牺牲。至于常以主权归之末子，不过是表示凡物到最后最完全，社会经过若干时代，愈近于圆满的思想，这种思想便在神话里表现出来。

但是人类的罪恶是什么呢？关于此点，希腊神话所说与犹太宗教所说的，颇相类似。犹太的《旧记》里面，关于人间罪恶起源，有明晰的说明。如《创世记》第三章神话的说明便是：

第四章 神话之研究的比较

耶和华所造诸生物，莫狡于蛇。蛇谓妇曰："尔勿遍食园中诸树之果，非神所命乎？"妇谓蛇曰："园树诸果，我侪得食之；惟园之中，有一树果，神云勿食、毋扪，免致死亡。"蛇谓妇曰："尔未必死。神知尔食之日，尔目即明，致尔似神，能别善恶。"于是妇视其树，可食，可观，又可慕，以其能益智慧也，遂摘果食之。并给其夫，夫亦食之。二人目即明，始觉身裸，乃编无花果树叶为裳。日昃凉风至，耶和华神游于园，亚当与妇闻其声，匿身园树间，以避耶和华神之面。耶和华神召亚当云："尔何在？"曰："在园中。我闻尔声，以裸故，惧而自匿。"曰："谁告尔裸乎？我禁尔勿食之树，尔食之乎？"曰："尔所赐我之妇，以树果给我，我食之。"耶和华谓妇曰："尔何为也！"妇曰："蛇诱惑我，我故食之。"耶和华神谓蛇曰："尔既为之，尔必见诅，甚于诸畜百兽；尔必腹行，毕生食尘。我将使尔与妇为仇，尔裔与妇裔亦为仇；妇裔将击尔首，尔将击其踵。"谓妇曰："我必以胎孕之苦，重加于尔，产子维艰。尔必恋夫，夫必治尔。"谓亚当曰："尔既听妇言，食我所禁之树，地缘尔而见诅。尔毕生劳苦，由之得食，必为尔生荆棘。尔将食田之蔬，必汗流浃面，始可糊口。迨尔归土，盖尔由土出，尔乃尘也，必复归于尘。"（据《旧约》文言本译文）

亚当吃了禁树的果实，即人间罪恶的始源。为什么吃了果实便是罪恶呢？同经第二章神喻亚当曰："任尔意食之，惟别善恶之树，不可食，食之必死。"别善恶之树，就是以善恶的分别教人的树子；是如蛇教妇说的，使目明的树子；是给智慧与人之树，给死于人之树。吃了果实以前的亚当夫妇，完全与禽兽同；其目不明，不知善恶的区别，裸体也不知道羞愧；更无觅食的困难，无病，无死。自吃了果

第四章　神话之研究的比较

实之后,目既明,智慧生,遂知善恶的差别,知裸体的耻。是比较从前,不可不说是很进步了,而此进步,即他们二人的罪恶。因此后世子孙,不得不尝劳动之苦,不能不忍分娩之痛;在痛苦以后,为死神所夺,不得不离开人世。二人的罪恶是不灭的,神的诅咒是永久的,人类遂非永远受罚不可了。

可是反过来说,人之所以为人,在动物之中所以居长,非如其他动物的永久不见进步发达,能够日日进步,不外是智慧之力。社会的发展,与人文的进步,均依赖智慧力。亚当的罪恶,就是在得智慧,智慧是他的罪恶的结果。若以人智的发达,为社会发达的原因,则罪恶不能不为人文进步的动机。着❶亚当不犯那罪恶,人类终于不能自禽兽的位置进步了。若无劳动,则无发明;无生死,则

---

❶ "着",疑为"若"之误。——编者注

无新陈代谢，人文便不能萌芽了。这是决不许人乐观的。在这意义上，亚当的罪恶，是使人间界的人文萌芽的原因；他的永世不灭的罪恶，可以解作人文开展的动机，所以不绝的存在于社会里面。犹太《旧记》富于宗教的思想，为犹太民族的古代的遗传，所含宗教分子之多，是不用说的，惟前面所引的一节，是纯粹的神话，故可从神话学上加以诠释。

以下再引数例，以示"说明罪恶的神话"。

希腊神话里面有一个最勇敢的英雄，名叫赫拉克尔斯（Heracles），关于他的神话的传说，是与希腊国民的意识，紧相结合着的。他的事业，永留于国民的记忆之中。从一方面看，他是纯然的神；从别一方面看，他是纯然的人，可以说他是一个半神半人的英雄神。关于他的神话，大概如下：他的父是大神宙斯，母是耶勒克特里昂（火神伯尔梭斯之子）的

第四章　神话之研究的比较

女儿阿尔克麦。他因受了宙斯的正妻希拉的憎怨,结果招了种种的不幸。他在母亲身旁时,某日因愤怒杀了音乐师,这是他的第一罪。因此罪被谪到牧羊者的群里,他此时做了两桩功业,最初是杀了狮子,为地方人民除害;后反抗米里亚王的压迫,使台伯国得自由。他所得到的报赏,就是以王女麦加拉给他;因希拉的憎怨,不以家庭的快乐给他;他因为狂乱的结果,连自己的儿子也把他投进火里了。这虽是狂乱的结果,但是杀害的罪是不容易灭的。他恢复本性后,欲求一赎罪的方法,遂赴德尔弗以求教于神。阿波洛神的司祭(或神托)告诉他,叫他到米克契去,承国王俄里司妥斯之命,成就十二件事业。此十二事业,即十二冒险是:(1)杀勒麦亚的狮子;(2)征伐亚果司的水蛇;(3)捕获栖于耶尼满妥斯山上的凶恶的野猪;(4)捕获金角铜足的鹿;(5)杀害用铁嘴与爪翼食人的毒鸟(名司栋姆法洛斯）。扫除马厩，为第六难事；搬运牡牛，为第七苦业；捕以人肉为食的马（德俄麦底斯）是第八命令；得亚马森王的腹带，是第九命令。此外，第十、十一、十二件功业，是赴地球的末端，或赴他界远征。

又因他杀了俄里司妥斯，这是第三罪恶，结果服苦役三年；苦役满后赴特落战争，曾救王女赫昔娥勒、诛怪物，远征耶尼斯、比洛斯、拉哥尼亚等地。后因第四罪恶，再受痛苦。最后在耶特那山上，于雷鸣之中升天。这一位国民的恩人，困穷苦难的教助者，诛戮毒蛇、猛兽、盗贼、暴君，平国乱，在国民人文的进步发达上，立大功绩的赫拉克尔斯的生涯，便于此告终了。直到后来，他被尊为旅行者、牧畜者、农夫之间的保护神。即日常的感叹词，也用他的名字。在神话里看来，这位英雄神的事业，几于全是罪恶的结果，但人文的进步，

第四章　神话之研究的比较

反因他的罪恶而食其赐了。

第三节　洪水神话

鲧受尧帝的命,当治水的事业;到了九年,还没有成绩。降及舜帝时,代父治水的大禹,他是中国洪水神话中的一个英雄。这位治九年的洪水的英雄,到了后来,尧、舜尊他为圣人。因为经过了若干岁月,有许多的传说分子,附聚在他的身上,究竟他是一个真正的历史上的人物,抑是一个神话的英雄,是不可知的。

禹的父鲧,是失败者。鲧受了尧的命,不能完成大任,失败而亡。然而他是大英雄的父亲,因为他是禹的父亲,是成就空前大业者的父,所以鲧也被附带在后世传说的洪水神话里面。禹的名与失败者之父的名一样,永久不朽。《述异记》与《拾遗记》中有如次的记载——尧使鲧治水，不胜其任，遂诛鲧于羽山，化为黄能，入于羽泉。黄能即黄熊也，陆居曰熊，水居曰能。

《归藏》云：鲧死三岁不朽，剖之以吴刀，化为黄龙。

尧命夏鲧治水，九载无绩，自沉于羽渊，化为玄鱼，时扬须振鳞，横修波之上。见者谓为河精，羽渊与河通源也。海民于羽山之中，修立鲧庙，四时以致祭祀，常见玄鱼与蛟龙跳跃而出，观者惊而畏矣。至舜命禹疏川奠岳济巨海，则鼋鼍而为梁，逾翠岑则神龙而为驭；行编[1]日月之墟，惟不践羽山之地。

这传说是国民固有的龙神信仰与洪水传说的英雄之父结合而成的。鲧之失败被诛是当然的，然鲧是禹的父亲，是国民的大恩人，

---

[1] "编"，当为"遍"之误。——编者注

第四章　神话之研究的比较

是成功者的父亲。杀了父，在正史之笔，无有什么不可，但在国民的感谢的情分，则有所不忍。假设是杀了的，则不免与国民的感情或国民的感谢之情，有点冲突。所以说鲧自坠羽渊，不是被杀的。或说沉于羽渊后化为玄鱼，或说被杀三年后尸体不朽，化为黄能，或又说化为黄龙，这都是鲧死后造出来的种种传说。海民为鲧立庙，四时祭祀，舜周游天下，独不践羽山，这在国民的感谢之情，是当然如此的。鲧化为玄鱼、黄能、黄龙，均与水有关系，究竟是与治水的事业有关系呢，抑是从"鲧"字的"鱼旁"产出来的传说，实难下判断。

各种民族关于豪杰的出身，故有种种奇怪的传述，尤其是在中国。试考大禹的出身及他的事业，据几种书的记载，可以举出下面的传说。

禹娶于莘氏女，名曰女嬉，年壮未孳。嬉于砥山，得薏苡而吞之，意为人所感，因而妊孕。剖胁而产高密，家西羌地，曰石纽。

父鲧妻修，已见流星贯昴，梦接意感，又吞神珠薏苡，胸折而生禹于石坳。虎鼻大口，两耳参漏，首戴勾铃，胸有玉斗，足文履己，故名文，命字高密。身长九尺，长于西羌。

古有大禹，女娲十九代孙，寿三百六十岁，入九嶷山，升仙飞去。后三千六百岁，尧理天下，洪水既甚，人民垫溺。大禹念之，仍化生于石纽山。泉女狄暮汲水，得石子，如珠，爱而吞之，有娠，十四月生子，及长能知泉源。

禹凿龙关之山，亦谓之龙门。至一空岩，深数十里，幽暗不可复进。禹乃负火而进，有兽状如豕，衔夜明之珠，其光如烛；又有青犬，行吠于前。禹计可十里，迷于昼夜，既

第四章　神话之研究的比较

觉渐明，见向来豕变为人形，皆着玄衣。又见一神人蛇身人面，禹因与神语。神即示禹八卦之图，列于金板之上，又有八神侍侧。禹曰："华胥生圣人是汝耶？"答曰："华胥是九河神女，以生余也。"乃探玉简授禹，长一丈[1]二寸，以合十二时之数，使量度天地。禹即执持此简，以平定水土。蛇身之神，即羲皇也。

上第三段说及洪水传说中的禹，乃古大禹的再生；最后一段则说羲皇与禹在龙门山洞中相会，蛇身的神即是羲皇。《帝王世纪》说："太昊庖牺氏，风姓也。燧人之世有巨人迹，华胥以足履之有娠，生伏羲于成纪。蛇身人首，有成德。"这些记载，都是说明国民的英雄，他们的生死是不同常人一样的。

洪水的神话是世界的，在各民族里可以发现。其中最有名而传播最广的，要算是希

---

[1] "丈"当为"尺"。——编者注

伯莱的洛亚洪水传说。《创世纪》说：

> 人始加多于地，亦有生女者。神子辈见人之女为美，随其所欲而娶之。耶和华曰：我灵必不因人有过恒争之，盖其为肉体，姑弛期一百二十年。当时有伟丈夫在世，其后神子辈与人之女同室，生子，亦为英雄，即古有声名之人。耶和华见世人之恶贯盈，凡其心念之所图维者，恒惟作匿，故耶和华悔己造人于地，而心忧之。耶和华曰：我所造之人我将翦灭于地，自人及兽、昆虫、飞鸟，盖我悔造之矣。惟洛亚获恩耶和华前。举世自坏于神前，强暴遍于地。神鉴观下土，见其自坏，因在地兆民尽坏其所行。神谓洛亚曰：兆民之末期，近及我前矣；盖强暴遍于地，我将并其他而灭之。

> 七日后，洪潮泛溢于地，适洛亚在世六百年二月十七日。是日大渊之源溃，天破

第四章 神话之研究的比较

其隙，雨注于地。四旬昼夜，水溢于地，历一百五十日。（录文言本《旧约》原文）

这是犹太《旧记》关于洪水的传说，其他民族的洪水神话，有与此相同者。如希腊洪水神话，也是起因于人类的堕落。北欧日耳曼神话也有类似之点，印度的洪水神话与犹太的也相类似。

第四节 英雄神话

日本《古事记》中所载大国主命（即大穴牟迟神）[1]的神话，可以当作英雄成功，及最幼者成功传说的模型，现引用这段神话于下。

大国主命是出云国的神，他的年纪最幼，

---

[1] 大国主命有五个名字，即大国主命、大穴牟迟神、苇原色许男神、八千矛神、宇部志国玉神是。——原注

他有许多阿哥,总称为八十神。他比他们聪明伶俐,其余的人都恨他,嫉妒他。八十神们听说因幡国有一个美女,名叫八上姬,他们想娶她为妻。有一天,他们叫大国主命到面前来,向他道:"我们要往因幡国去了,你替我们担着行李,跟在后面来吧。"大国主命只好答应,便随着他们上路了。

八十神们来到因幡国的气多海岸,看见草里有一匹脱了毛的白兔在哭,他们便赴近兔的身旁,问道:"你为什么变成这样?"兔便答道:"我是隐岐岛的白兔,我想渡海回去。我骗鳄鱼,叫它们的同族浮在海上,我便从鳄鱼的背上渡过海去。后来鳄鱼怒我欺骗它们,便咬伤了我。请你们救我的命呀!"

八十神听了,心中便想捉弄兔子,故意说道:"原来如此,那是真可惋惜了,快莫哭泣,我们教你即时止痛的方法。你快些到海

第四章　神话之研究的比较

水里浸浴，再到石岩上让风吹干，你的痛便可止住，皮肤也可复原了。"兔子想他们的话是真的，连声称谢。他到了海水旁洗了身体，再到石岩上去吹风。他却不晓得海水是咸的，被水吹干了，皮肤裂开，血便沁沁的流出来，比从前更加痛苦了。它不能忍耐，哭得在地上打滚。这时大国主命走过那里，看见兔子的模样，他就问它为什么身体红到如此，兔子一五一十的将前后的事告诉他。大国主命听了，觉得兔子十分可怜，他教它快到河里去用清水洗净身体，再把河岸旁生长着的蒲草的穗，取来敷在身上。一刻工夫，痛止住了，毛也生了，兔子的身体便复原了。兔子大喜，走到大国主命的面前，说了许多感谢的话。它跳着进森林去了。

八十神们到了八上姬那里，他们向八上姬道："请你在我们之中，挑选一人，做你的夫婿。"八上姬见了他们，知道他们的为人，拒绝了这个要求。他们不觉发怒，大家商议道："她不愿嫁给我们，是因为有那不洁的大国主命跟了来的原故。这厮好不讨厌！让我们来惩治他。"有的说，不必如此，等我们回转出云国后，把他杀了完事。后来大家回到出云国，他们便商量杀害大国主命的方法。

他们把郊外的一棵杉树劈开，加了楔子，骗大国主命同到野外去游玩。到了野外，有一个说道："好宽阔的原野啊！什么地方是止境呢！"有的答道："不登到高的地方去看，是难于知道的。你们看那边有一棵大杉树，大国主！你快点爬上那棵树去上，看原野有几何广阔。"大国主命答应一声，便到树下，慢慢爬上树去；爬到劈开的地方，众人乘他不留心，便将夹住的楔子取去，大国主命就被夹住了，他的生命危殆了。八十神见了，哈哈大笑，各人走散。大国主命的母亲在家

第四章　神话之研究的比较

里见儿子许久没有回来，出来寻他。寻了许久，在杉树里寻着了，取他下来，才被救活。八十神们听着他还没有死，又想用大石头烧红，烙死他。他们之中有五六个，到山里去，用火去烧一块大石，烧得红了，遣别的神走去告诉大国主命道："对面山上有一只红猪，我们从山上赶它下来，你可在山脚将它抱住。要是你放它逃了，我们就要杀你。"大国主命只得答应了，跟在八十神们的后面走去。走到山下，他一人在山脚等那红猪下来。后来红猪从山上滚下来了，他急忙抱住，这一来他就被石头烙死了。八十神们见自己的计策已经成功，大家一哄散了。大国主命的母亲见儿子又没有回来，她出外寻觅，走到山脚，见自己的儿子烙死了，这次她没有可以救他生还了。她想除了去求救于高天原的诸神外，没法术有人能帮助她的。到了高天原，她哭诉八十神们害死她的儿子的情形，神们听了觉得惋惜，就差了蛤姬、贝姬二位神女下界去救大国主命。她们到了山下，贝姬烧了贝壳，捣成粉末；蛤姬从水中吐出水沫，将贝壳粉替他敷治。后来大国主命就活转来了，他的母亲大喜，教训儿子道："你做人过于正直了。如仍住在这里，终有一天被他们害死，不能复生的，你快些逃到素盏呜尊住的根坚洲国去吧！"他乘八十神们没有查觉的时机，悄然的离了出云国，到根坚洲去了。

大国主命到了根坚洲，就住在素盏呜尊的宫里。素盏呜尊有一个女儿，名叫须势理姬，她见了大国主命，在她父亲面前极口称赞大国主命的美貌。素盏呜尊知道大国主命是一个诚实的人，他便想将女儿嫁给他；既而他想到一个人只是诚实没有什么用，必须要用勇气，所以他故意先使大国主命受些苦楚。有一天，他叫大国主命来，对他说："你今晚须

第四章　神话之研究的比较

去睡在有蛇的屋里。"大国主命遵他的吩咐，便向有蛇的屋子走去。须势理姬在旁忧急着，乘他父亲没有看见的当儿，她跟在大国主命的后面，她问他："不怕蛇么？"他说一点也不怕，说时就要走进屋子去。须势理姬急忙止住他道："屋里的蛇不是普通的，是大而毒的蛇，进去的人从来没有生还的。我给你这样东西，蛇来时你向它拂三下，便不来伤害你了。"大国主命接了避蛇的东西，就走进屋里去。果然有许多蛇围了拢来，他用"避蛇"拂了三下，蛇并不来害他。到了翌日，他安然的出了屋子，素盏鸣尊为之惊异。这一次他又叫大国主命进那有毒蜂与蜈蚣的屋子里去，须势理姬又拿避毒物的东西给大国主命，才得平安无事。素盏鸣尊更是惊讶，他另想了一个计策。野外有一丛茂林，他射了一枝箭到林中，叫大国主命去拾了回来。林中的草，比人身还高，大国主命听他的吩咐走进去寻那枝箭。素盏鸣尊见他走进林中，叫人四面放火。大国主命见大火围住他，便呆立不动。这时有一只老鼠走来，向他说道："里面宽，外面窄。"他听了老鼠的话，料想这里有藏躲的地方，便用脚蹬踏地上。地面被他一踏，泥土松了，现出了一个洞，他便逃在洞里躲着。火烧过了，他才从洞里出来，不料先前走过的那只老鼠，衔了一枝箭来，放在他面前。一看那箭，说是素盏鸣尊的，他大喜，拿着箭走回来了。这时须势理姬正在忧心流泪，见了他拿着回来，才转忧为喜。素盏鸣尊的心里，也暗暗称奇，可是他还想再苦大国主命一次。当他在屋里睡觉的时候，他叫大国主命来，他说："我的头上很痒，怕是有了虫吧，你为我取了下来。"大国主命一看素盏鸣尊的头发上，有许多蜈蚣，他便束手无策。须势理姬在旁，暗中将椋实和红土给他，低声说道："放在口中，吐了出来。"他将椋实和红土从

第四章　神话之研究的比较

口中一点一点的吐出，素盏鸣尊见了，以为他有胆量，能嚼了蜈蚣吐出，他便没有话说了。须势理姬乘她父亲熟睡之后，她叫大国主命逃走，因为以后还有危险。大国主命想了一会，他将素盏鸣尊的头发系在柱头上，走出屋外，运了大石塞住房门。须势理姬叫他拿了她父亲的刀、弓矢和琴一起走，可是他不肯。须势理姬说这几样东西，她父亲从前说过，想送给他的。他刚拿好了这几样东西，正要逃走，那琴触着树子，发出响声，将素盏鸣尊惊醒了。因为头发被系在柱上，等到解了头发，他已经逃远了。后来素盏鸣尊一直追他到黄泉比良坂，立在坡上叫大国主命，叫他不必逃，他并无杀害之意，不过想试探他的勇气；并且说明将女儿嫁给他，叫他带了刀、弓矢回转出云国，打服那些恶人。于是大国主命便与须势理姬配合了。素盏鸣尊[1]回到出云国，把

---

[1] "素盏鸣尊"似为"大国主命"之误。——编者注

为恶的八十神们铲除了。后来他同有智慧的神少彦名命结为弟兄。

日本神话里，英雄神话虽多，但完全具备英雄的性质的，只有大国主命。大国主命为幼子，先受诸兄的磨难，到了后来，终于排除一切困难，达到顺境，为国家生民，发展他的伟大的性质。这种型式，在希腊神话里的阿波洛（Apollo）、赫拉克尔斯（Heracles）也有相似之点。

大国主命的神话，可以作下列的分析。

（1）弟兄的轧轹的故事；

（2）争妻子的故事；

（3）英雄神的成功谈。

其中又插入下列的两个故事：

（1）动物的故事（兔与鳄鱼的故事）；

第四章　神话之研究的比较 II

（2）大国主命到根坚国的故事。

在英雄神话中，尚有勇者求婚的一种型式，是很普遍的。这种型式的主要点，可分述如下。

青年英雄赴敌人处

　　敌人为可畏的动物：或为巨人，或为怪物；

　　或为敌国的长者：敌国可解作外国或他界

敌人叫青年做种种困难的业务

其目的在召致青年之死

当青年服务时，敌人的女儿来打救青年，因能免死

最后青年英雄与女子偕逃，离开敌国

敌人来追，多方防御

防御的方法，或投以物，此物变成障碍敌人之物

逃亡的结果，常为二人幸福以终

英雄神话中，又有退妖降魔的一种型式，如日本神话里的素盏鸣尊杀八岐大蛇、克尔特人的漂吴夫（Beawulf）斩妖屠龙之类，皆属此型。

（结论）神话的比较研究，因种类甚多，型式不一，仅略述上列四例。此外如神婚神话、天鹅处女神话、仙乡淹留神话、游龙宫神话等型，它们的传播区域，极为广泛，本书为篇幅所限，均不能一一详说了。

参考书目

西村真次:《神话学概论》

高木敏雄:《比较神话学》

施彭斯:《神话学绪论》(I. Spence: *An Introduction to Mythology*)

格赖克:《ABC 神话学》(H. A. Clarke: *A B C Guide to Mythology*)

安德留·兰:《神话学》(见《大英百科全书》十一版)(A Lang: *Mythology*, *Encyclopaedia Britanica*, 11th, 2d)

同前:《近代神话学》(Lang: *Modern Mothology*)

泰娄:《原始文化》(Tylor: *Primitive Culture*)

戈姆:《历史学之民俗学》(Gomme : *Folk-lore asan Historical Science*)

哈特兰:《童话学》(Hartland : *The Science of Fairy Tales*)

迪克生:《各民族的神话》(R. B. Dixon : *The Mythology of all Races*)

塔洛克:《希腊罗马神话》(J. M. Talock : *Greek and Roman Mythology*)

李维迪塔:《印度神话》(Nevedia : *Mythology of the Hindus and Buddhists*)

比安其:《希腊罗马神话》(Bianchi : *The Mythology of Greece and Rome*)

麦肯琪:《中国日本神话》(D. A. Mackenzie ; *Myths of China and Japan*)

罗勒斯登:《克尔特人之神话》(Rolleston : *Myths. and Legends of the Celtic Races*)

参考书目

缪勒：《埃及神话》（M. Muller : *Egyptian Mythology*）

若卜：《北欧神话》（B. Thorpe : *Northern Mythology*）

编后记

谢六逸(1898~1945),贵州贵阳人,名光燊,字六逸,中国现代新闻教育事业的奠基者之一,著名作家、翻译家。生于贵阳的一个仕宦之家,1917年以官费生赴日,就读于早稻田大学。1922年毕业归国,入商务印书馆工作。后历任神州女校教务主任及暨南大学、复旦大学、大夏大学教授。1930年,任复旦大学中文系主任,创办了闻名海内的新闻系,为全国大学设新闻系之滥觞。他提出,新闻记者须具备"史德、史才、史识"三条件。

谢六逸一生著译颇丰。在文学方面,有日本文学史五种,译著多种,儿童文学六七

编后记

种，另有《水沫集》《茶话集》《文坛逸话》《西洋小说发达史》《农民文学 ABC》《神话学 ABC》《日本文学史》等。作为中国新闻学教育的开拓者之一，谢六逸著有《新闻学概论》《实用新闻学》等。郑振铎编《文学大纲》，其中日本文学部分多为谢氏手笔。

《神话学 ABC》由世界书局于 1928 年首次出版。鉴于当时我国神话学尚处于草创阶段，而西方的相关研究已颇为系统、成熟，故作者主要根据日人西村真次的《神话学概论》和高木敏雄的《比较神话学》提纲挈领地勾勒出神话学的意义及其源流、神话的本质、神话的研究方法、中西方神话母题的比较等核心问题。正如作者评价西村氏之作一般，本书亦不失为条理极明晰、材料颇丰富，对于初学者乃至研究者更为有用。

本次整理，以世界书局之初版为底本。

其间，改竖排为横排，对部分标点、格式等进行了调整。同时，为了最大程度地保留原书风貌，对于不易致误的一词两写未予径改。然限于编者水平，错漏之处定难免，望读者方家海涵并不吝赐教。

徐 浩

2016 年 10 月